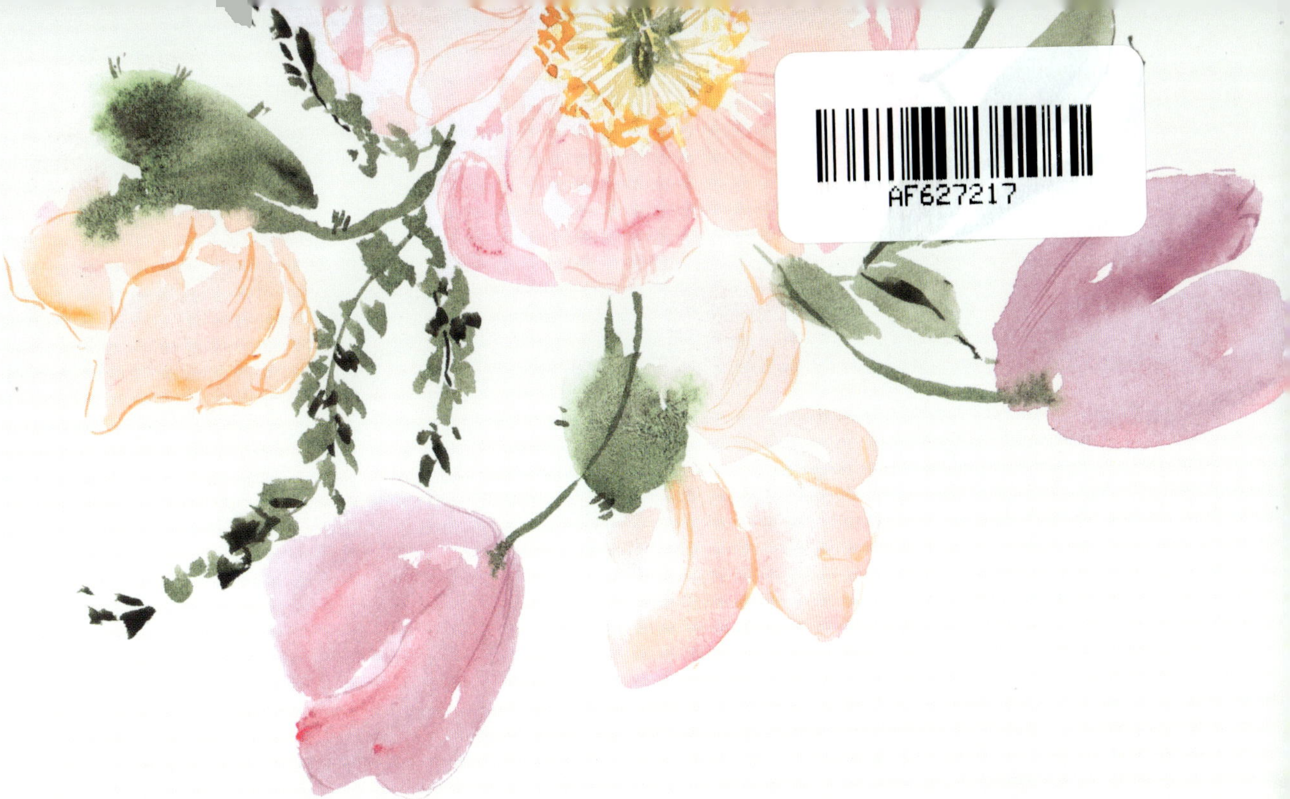

SELFCARE Watercolor

KREATIVE MOMENTE FÜR MICH

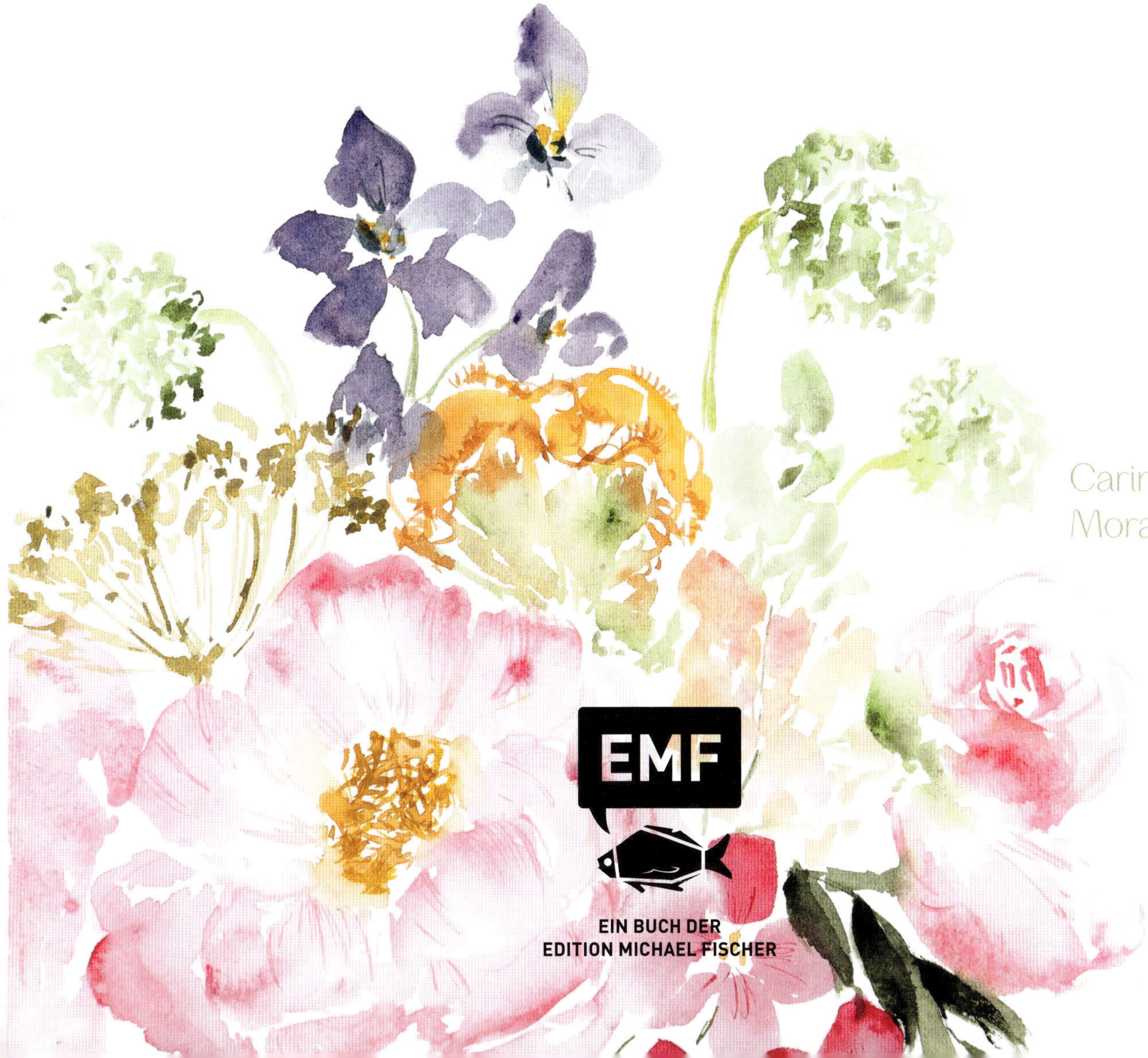

Carina Morawetz

EMF
EIN BUCH DER
EDITION MICHAEL FISCHER

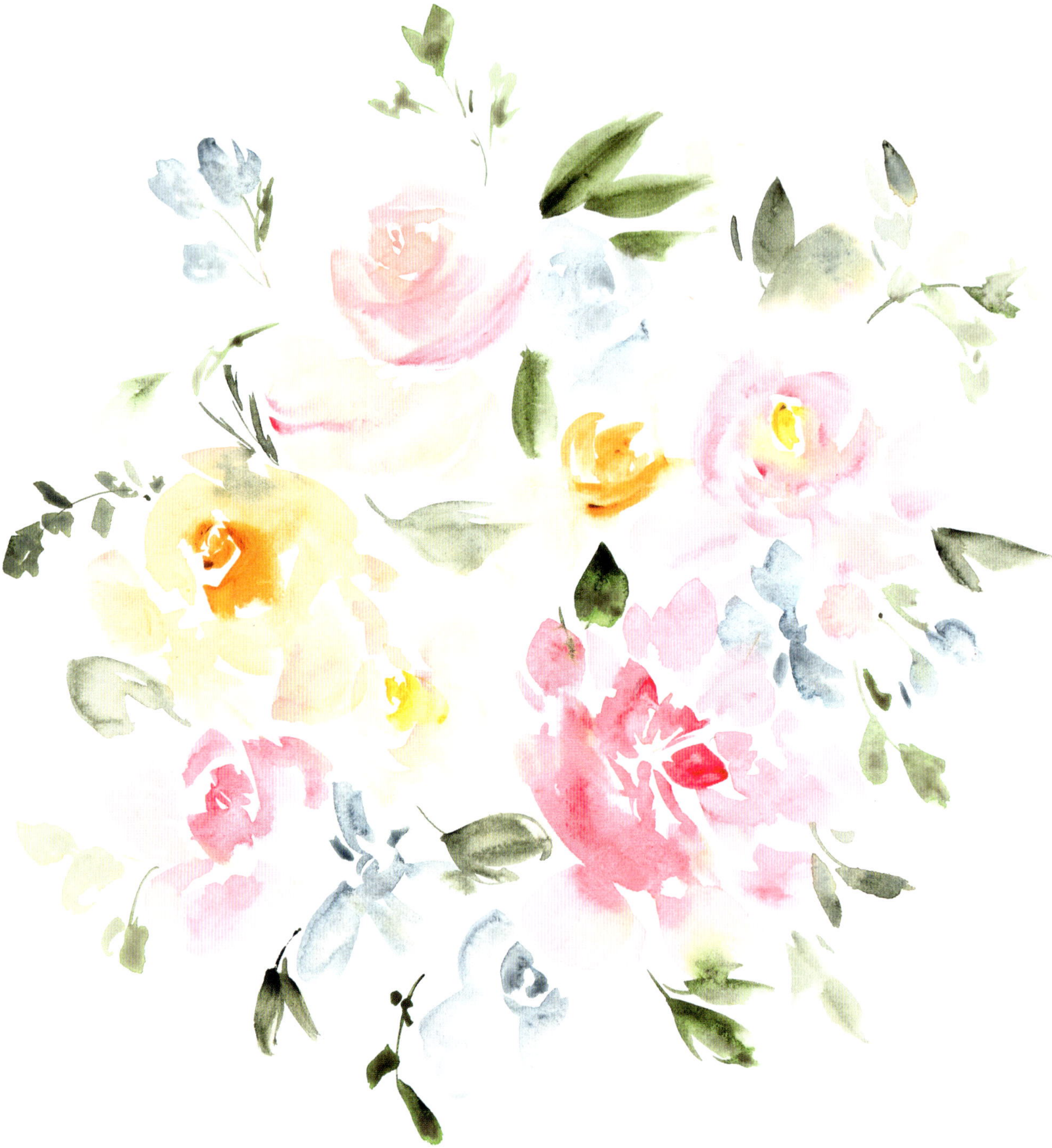

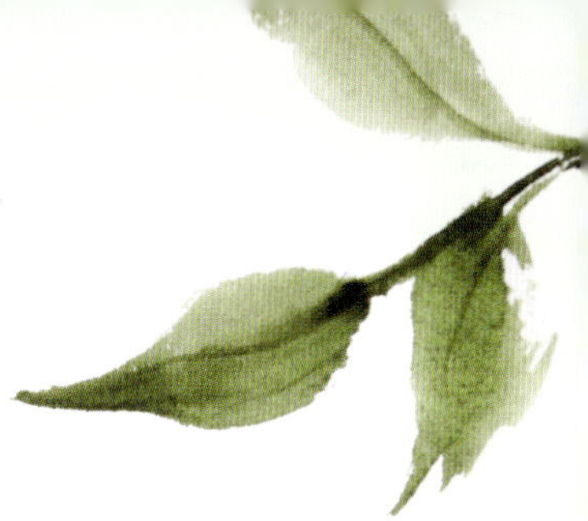

Inhalt

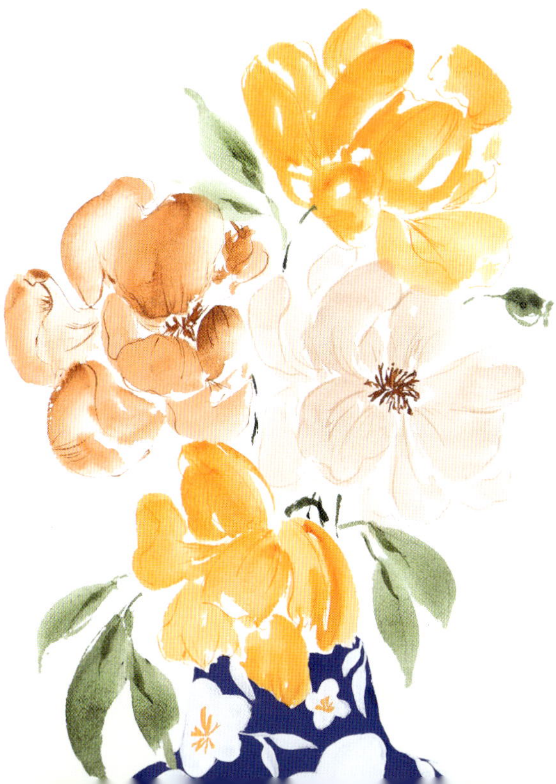

Vorwort
EIN PAAR WORTE AN DICH

Wenn die Welt zu laut wird, das Gefühl hochkommt, die Gedanken in der Luft schweben wie Heliumluftballons, dann hat mir schon immer das Malen geholfen, innerlich anzukommen. Sobald Farbe auf dem Papier fließt, neue Formen entstehen, ich selbst dabei zurück in meine Mitte finde und ich für jede Überraschung offen bin, die sich mir auf dem Papier zeigt, fühlt es sich für mich nach tiefem Ein- und Ausatmen an. Es berührt und entspannt mich und ich finde einen neuen Fokus, der mir zu mehr Klarheit verhilft.

„Kreativität öffnet mir neue Wege."

Das ist ein Satz, der mir viel bedeutet. Mit meinen achtsamen Ritualen habe ich einen Weg gefunden, meine frei schwebenden Gedanken (meine Heliumluftballons) wieder zu bündeln, zu sortieren und manche davon einfach davonfliegen zu lassen. Stattdessen durften neue, wunderschöne Gedanken den leeren Platz einnehmen.

Selfcare-Watercolor-Rituale zeigen mir oft schon zu Tagesbeginn einen Weg, den es für mich geben darf. Einen, der mir erlaubt, den Tag offen zu umarmen. Abends zeigt mir die Kreativität, dass ich mit jeder Herausforderung auch wachse und ich meinen Tagesabschluss noch selbst gestalten und stolz auf mich sein darf. Denn egal, was heute passiert ist, es gibt auch ein Morgen. Ich lasse los und sehe dabei zu, wie die Farbe auf dem Papier fließt, und erkenne, dass dabei immer etwas Schönes und Neues entsteht.

Diese kreativen Rituale für den Morgen und für den Abend möchte ich mit dir teilen. Ich lade dich ein, mit Selfcare-Watercolor dein kreatives Ich zu entfalten, dir mit Zeit, die du mit Hingabe gestaltest, Selbstwertschätzung ganz neu zum Ausdruck zu bringen und dabei wunderschöne Erinnerungen auf dem Papier entstehen zu lassen.

Dieses Buch ist für dich und ein Geschenk an deine Selbstliebe, die gemeinsam mit dir wachsen wird. Ich bin dankbar, dass ich damit nicht nur für mich ein wunderschönes Lebensgefühl entwickeln durfte, sondern auch dich damit ein Stück begleiten darf.

Carrie

„Die Kreativität zeigt mir neue, wunderschöne Wege, die ich gehen darf."

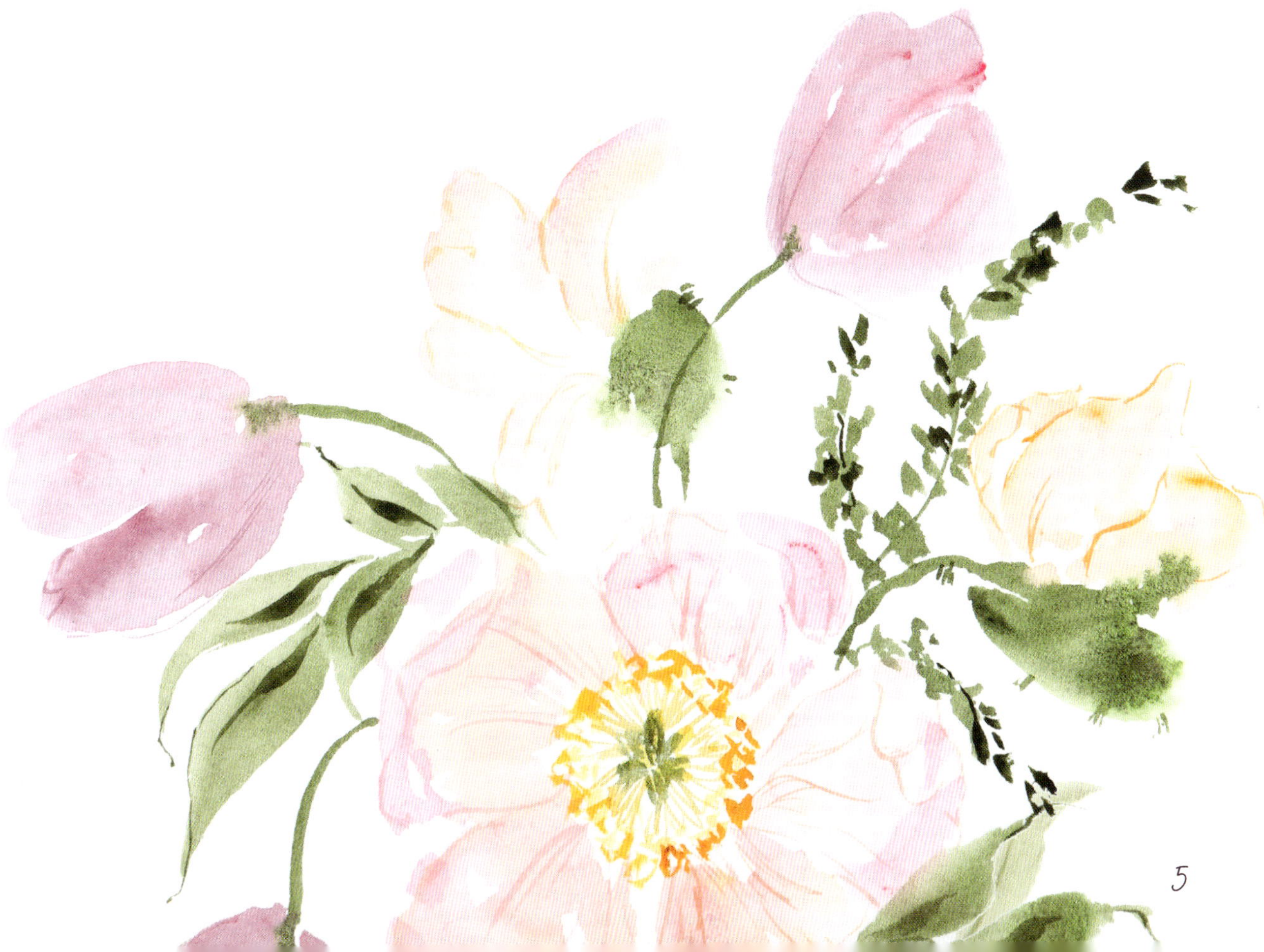

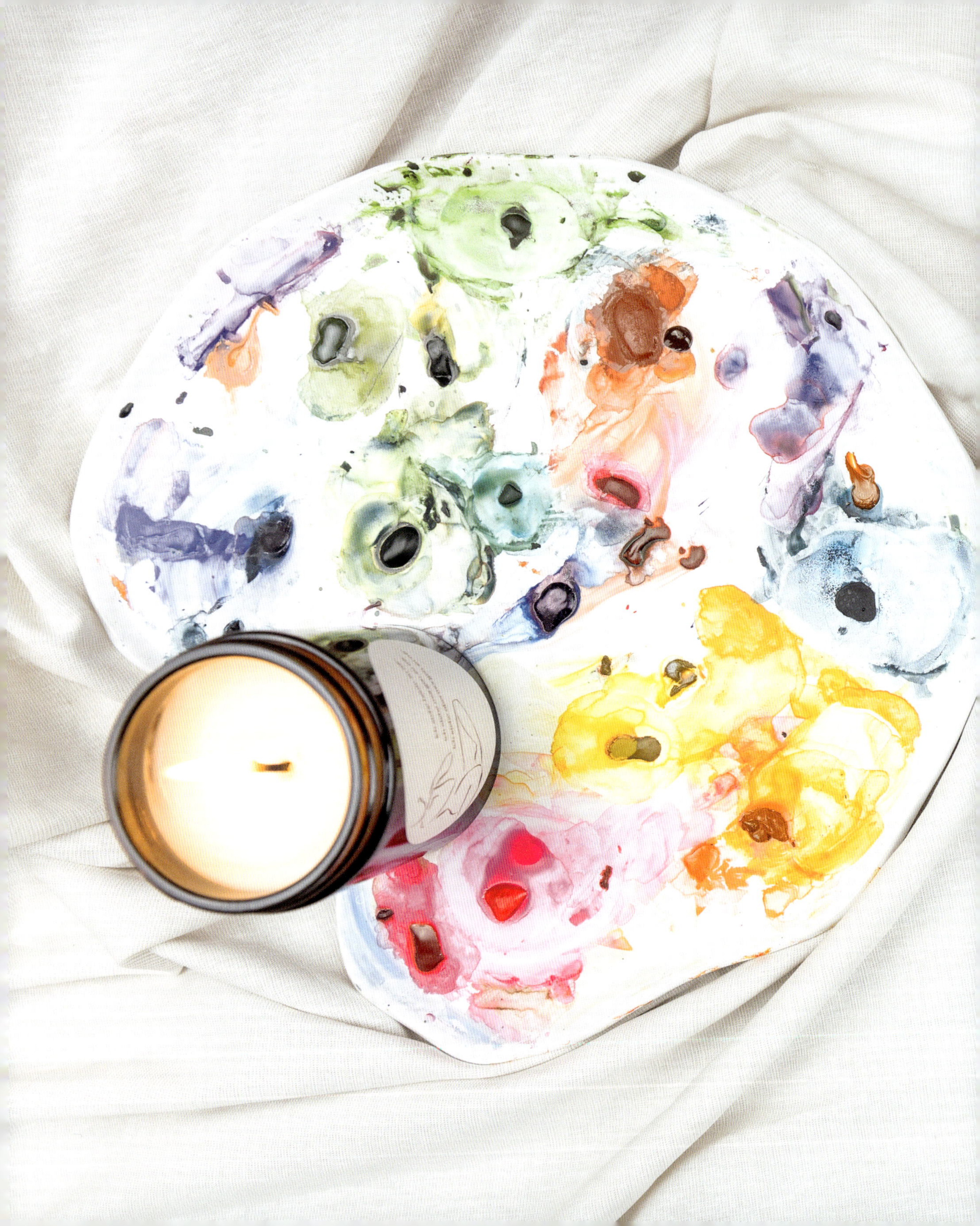

Grundlagen

Watercolor ist an sich eine faszinierende Maltechnik, die sich mit grundlegendem Wissen bereits wundervoll einsetzen lässt. In wenigen Minuten ist es dir möglich, ein Bild zu gestalten, und ebenso wirst du die Zeit um dich herum vergessen, wenn du im Kreativ-Flow angekommen bist. So wie du mit jeder Erfahrung außerhalb deiner Komfortzone über dich selbst hinauswächst und lernst, so wirst du auch mit jedem Griff zu Pinsel und Farbe viel dazulernen. Denn mit jeder Berührung von Pinselspitze und Papier entwickeln sich deine eigene Herangehensweise und dein Stil. Deine Kunstwerke werden sich von Motiv zu Motiv mit dir gemeinsam verändern.

Die Grundlagen von Watercolor sind ein wunderschöner Akt des Kennenlernens zwischen Farbe und dir selbst. Sie bieten dir bereits die Möglichkeit für ein erstes achtsames Ritual mit Watercolor. Und weil Watercolor ebenso dein Inneres bewegt, erwartet dich in diesem Kapitel nicht nur eine Einführung in die Watercolor-Materialien und -Techniken, sondern du darfst dich auch auf Informationen über Gefühle und Me-Time, auf Affirmationen und Impulse zum Thema Ritual freuen.

„Zeit ist ein Richtwert, deine Hingabe für deine Me-Time ist der Kernwert."

ME-TIME

„Zeit, die du dir für dich selbst nimmst und erfüllend gestaltest."
Das wäre meine Antwort auf die Frage, wie ich Me-Time beschreiben würde.
Ein Wort, das hier besondere Beachtung verdient, ist „Fülle".

FÜLLE

In der Fülle sein, Fülle fühlen können und Zeit erfüllend gestalten – dies darf und kann Hand in Hand mit deiner Me-Time gehen. Das ist das Wundervolle an der Zeit für dich selbst – du gestaltest sie aus deinen eigenen Bedürfnissen heraus und selbstbestimmt. Ein wundervolles Gefühl macht sich breit und bringt dich zum Strahlen.

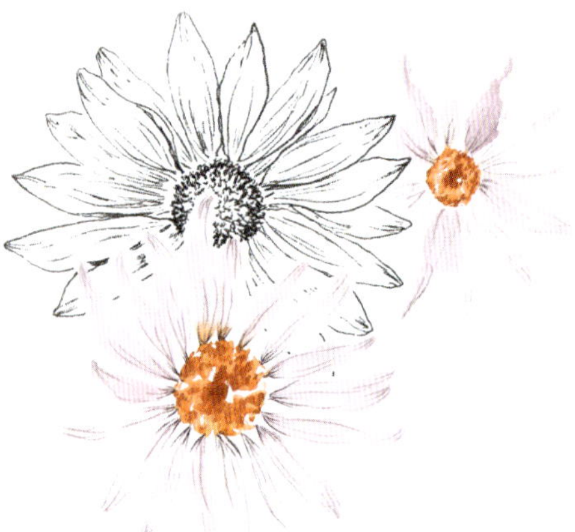

BRAUCHEN WIR ALLE ME-TIME?

Wir leben in einer schnellen Welt mit vielen Informationen und Veränderungen, die uns nie fragen, ob wir dafür bereit sind – sie überrollen uns ganz einfach. Wir stellen uns neu ein, um und oft auch hinten an. Die Me-Time ist eine Art Rückzugsort, an dem du sowohl im Mittelpunkt stehen darfst als auch an die erste Stelle rückst. Me-Time hat mit Selbstliebe, Selbstwert und Selbstfürsorge zu tun – sie ist eine Zeit, in der du dich bewusst um dich kümmerst. Ja, wir alle brauchen diese Zeit und sollten es als selbstverständlich ansehen, sich diese wertvolle Zeit zu nehmen und sie bewusst zu nutzen.

ALLEIN SEIN

Es gibt einen wesentlichen Unterschied zwischen allein sein und einsam sein. Oft hörte ich schon den Satz „Ich weiß nicht, was ich tun kann, wenn ich allein bin." Dabei braucht es nur einen kleinen Funken Mut, kurz in sich hineinzuhören, um wahrzunehmen, was man wirklich tun möchte. Alleinsein bringt oftmals eine große Portion Potenzial zum Vorschein, das nur darauf wartet, sich in all den schönen Farben des Lebens zu zeigen.

Was kannst du also tun, wenn du Zeit nur für dich zur Verfügung hast, ohne Fremdbestimmung und ohne Verpflichtung? Du gehst deinen Bedürfnissen nach. In unserem vollgepackten, organisierten und oft hektischen Alltag kommen wir wenig in den Genuss, uns solche wichtigen Fragen zu stellen. „Was möchte ich tun, was mir Freude bereitet?" Was hier sehr hilft: Neues wagen und auf eine Entdeckungsreise mit sich selbst gehen.

„If you will never try, you will never know."

TIPP

Achtsame Rituale eignen sich einfach wunderbar für die Zeit, die du für dich allein zur Verfügung hast.

KREATIVE ME-TIME: SELF-CARE-WATERCOLOR

Nach jahrelanger Forschungsarbeit, so würde ich es nennen, kam ich zu einem Ergebnis: Hinter kreativer Me-Time verbirgt sich ein außergewöhnlicher Zauber, der durch die Anwendung von Watercolor-Techniken ganz besonders zum Vorschein kommt.

Das analoge Arbeiten mit leuchtenden Aquarellfarben, die kaum kontrollierbar sind und zu immer wieder erstaunlichen Farbspielen einladen, gepaart mit dem Fokus, der auf der empfindlichen Pinselspitze liegt, die sanft über das Papier tanzt. Es ist ein Schauspiel und jeder einzelne Schritt davon wird mit Achtsamkeit ausgeführt. Du kreierst etwas mit den Händen und schließt einen ganzen Prozess ab – vom Vorbereiten der Farbe bis zum fertigen Motiv.

RITUALE

Ein großer Wunsch vieler Menschen ist Sicherheit. Was die wenigsten wahrnehmen können: Sicherheit ist ein Gefühl! Rituale sind der perfekte Partner dafür.

RITUALE ALS ME-TIME

Rituale leben von Wiederholung und Abläufen, denen du folgst. Wir können vertrauen und loslassen, denn wir wissen genau, was als Nächstes kommt, und unsere einzige Aufgabe dabei ist, ein Teil davon zu sein. Das macht Rituale wertvoll für uns Menschen und deswegen finden wir sie in vielen unserer Lebensbereiche. Warum nicht auch in unserer wertvollen (kreativen) Me-Time?

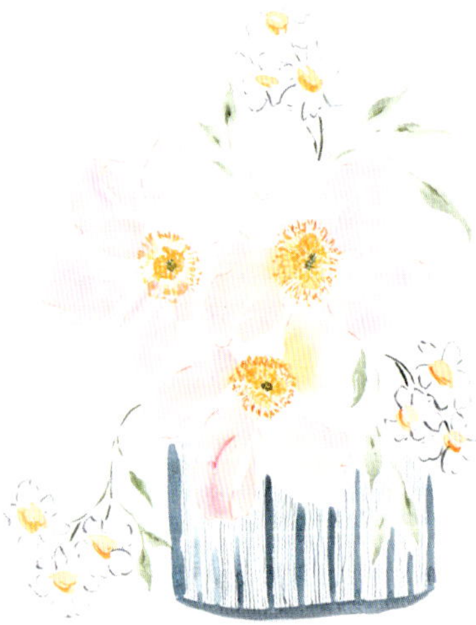

RITUALE GESTALTEN

Wenn du an Rituale denkst, die dir bereits im Leben vertraut sind, was kommt dir in den Sinn? Oft ist es nicht nur die Handlung, die stattfindet, wir sprechen gern über das Gefühl, das wir dabei erleben. Denken wir also an ein schönes Ritual, dann kommt vielmehr ein Gefühl in uns hoch als die konkrete Handlung. Deswegen stelle ich mir selbst gern die Frage:

„Wie möchte ich mich fühlen?“

Diese Frage hilft dabei, ein Ritual zu kreieren und diesem mit Freude nachzugehen.

Somit gibt es neben einem Handlungsablauf auch einen emotionalen Aspekt bei den Ritualen und es darf noch mehr mitschwingen, als uns oftmals im ersten Schritt bewusst ist. Aus diesem Grund findest du in diesem Buch zu jeder Selfcare-Watercolor-Anleitung Impulse, Ideen und Botschaften, die dich dein Ritual weiter gestalten und ausbauen lassen.

Der Start in den Tag gibt oftmals vor, wie die Stunden, bis wir zu Bett gehen, auf emotionaler Ebene verlaufen. Das muss nicht so sein und ich bin froh, dass ich dies bereits im Leben lernen durfte. Diese lebensverändernde Erfahrung und Erkenntnis möchte ich ebenfalls in diesem Buch mit dir teilen, denn ich weiß, allein ist es eine größere Herausforderung, dagegen anzukommen.

Wir lieben es einfach zu sehr, an Dingen festzuhalten. So auch am Stress, der entsteht, wenn nach dem Aufwachen der Blick auf das Smartphone wandert und die ersten Mails geprüft werden, wir die vielen Aufgaben des Tages im Kopf durchspielen und uns getrieben fühlen.

Deswegen möchte ich dir mit achtsamen Ritualen und Selfcare-Watercolor einen Weg aus dieser scheinbaren Einbahnstraße zeigen. Dein Morgen darf beflügelnd sein und du darfst dir erlauben, dir etwas Gutes zu tun, noch bevor der Tag für deine Welt mit all deinen gewohnten Aufgaben beginnt.

Du wirst neue und erfüllende Rituale etablieren, die Teil deines Morgens werden.

ABENDRITUALE

Wenn ein Tag sich dem Ende zuneigt, du viele Stunden an Erlebnissen in dir trägst und so manche Achterbahn der Gefühle vor- und rückwärts gefahren bist, dann ist es Zeit, die Lichter langsam auszumachen und zur Ruhe zu finden. Auch ein Satz, der leichter gesagt als getan ist.

Wir rotieren gern noch mal durch Situationen und Gespräche. Versinken in Vermutungen, die wir haben, warum und weshalb etwas ist, wie es heute scheinbar war, und wieder finden wir uns beim „Nichtloslassen" und verbringen womöglich nicht die erholsamen Stunden Schlaf, nach denen wir uns so sehr sehnen.

Sanfte Abendrituale sollen dir helfen, den Tag positiv abzuschließen, ganz egal, was dein „Heute" war.

GEFÜHLE

Sie machen uns aus. Wir lassen uns von ihnen tragen und manchmal von ihnen bestimmen. Sie kommen hoch, können überraschen und verankern sich fest in uns.

GEFÜHLE STEUERN

Mit gezielten Ritualen kannst du hier die Steuerung ganz bewusst für dich übernehmen. Deswegen komme ich hier zu der wichtigen Frage zurück: „Wie möchtest du dich fühlen?" Du findest Antworten für das Erschaffen deines Rituals, wenn du zu verstehen lernst, dass deine ganze Umwelt und alles, was du wahrnimmst, als Unterstützung für dich genutzt werden darf.

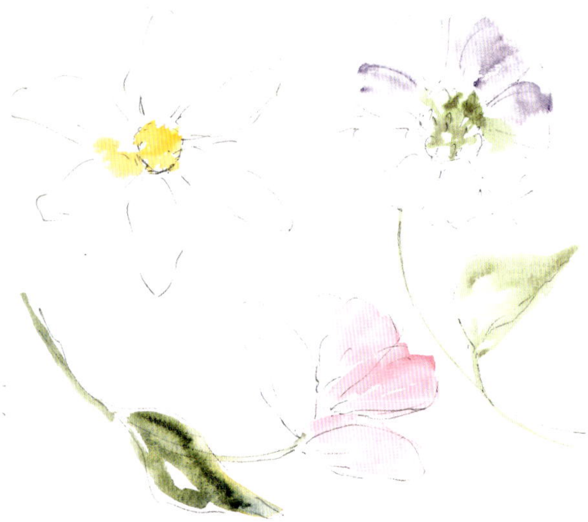

STIMMUNG SCHAFFEN

Ein Ort, ein Raum, ein Platz, ein Musikstück, ein Duft, ein Licht und ein flackernder Kerzenschein, ein besonderer Geschmack, hervorgebracht durch dein Lieblingsgetränk, die Raumtemperatur, deine Sitzhaltung und die Kleidung, die du trägst. Das alles und noch viel mehr schafft Stimmung im Außen, die auf dein Inneres wirkt. Deswegen möchte ich bei meinem Selfcare-Watercolor-Ritual nicht einfach nur in einer angeräumten Ecke sitzen, wo ich schnell-schnell etwas zu Papier bringe. Ich möchte die Stimmung fühlen, die ich für mein Ritual und mein Gefühl als Begleitung dazu einlade und die mir hilft, mich auf mein Ritual noch besser einzulassen.

AFFIRMATIONEN, DIE BERÜHREN

„Das ist kein Kalenderspruch, das ist eine bedeutende Affirmation, die mein Leben verändert!", höre ich mich selbst oft sagen und diese Aussage erklärt zum Teil schon etwas den Begriff Affirmation: Es ist ein Satz, der einen Zustand beschreibt, den ich mir für mich wünsche. Ein Satz, den ich fühlen, leben und erleben möchte. Ein Zustand, der Teil des Zukunfts-Ich sein darf und mit Selbstverständlichkeit gelebt werden soll.

Im kreativen Flow lassen sich Affirmationen besonders schön einbauen und verinnerlichen. Bei Wiederholung, eines der Merkmale von Ritualen, wird sich deine Affirmation immer tiefer verankern und gefühlt werden können.

Zu jedem Ritual findest du in diesem Buch eine Botschaft in Form einer Affirmation. Eine Affirmation, die mir für die Auswahl der Motive besonders geholfen hat, war folgende:

„Meine Intuition zeigt mir immer meinen richtigen Weg."

FARBEN UND FORMEN, DIE ANREGEN

Bestimmt hast du es selbst schon oft wahrgenommen, wie stark Farben und Formen auf dich wirken. Von lieblich und verspielt bis hin zu hart und kantig. Gegensätze, die interessant auf uns wirken und neugierig machen.

Du wirst bei Selfcare-Watercolor auch in dieser Hinsicht vieles für dich entdecken, welche Formen und Farben du immer wieder ganz natürlich zu Papier bringst und welche sich schwieriger anzunehmen scheinen. Du wirst vieles für dich dabei wahrnehmen und lernen. Vielleicht findest du auch neue Lieblinge, die du zuvor noch nicht in deinem Spektrum hattest. Gefühle werden wunderbar mit Farbe ausgedrückt, sei also gespannt, in welchen Farben du dich hier wiederfindest und bei welchen Farben und Formen du im Laufe der Zeit ankommst. Es ist wie eine Reise zu dir selbst.

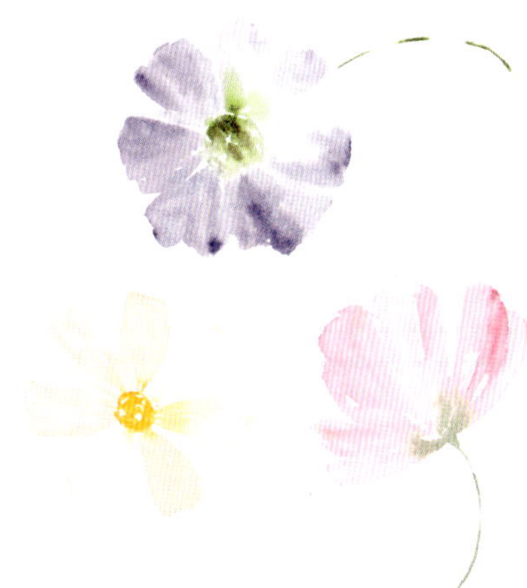

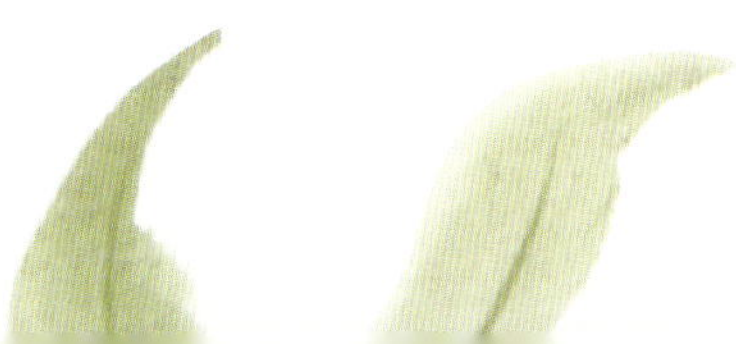

FARBEN

Farben machen unser Leben für das Auge bunt. Wir wählen sie intuitiv oder gezielt, kombinieren sie nach Kontrasten, Harmonie oder wollen damit anregen. Farben können einfach alles für uns sein. Farben können in uns eine bestimmte Stimmung widerspiegeln oder Gefühle ausdrücken. Sie spielen auch eine wesentliche Rolle für deine achtsamen und kreativen Rituale. Deswegen möchte ich etwas genauer auf das Thema Farben eingehen.

DIE AUSWAHL – EIN ERSTES RITUAL

Nun möchte ich mich hinsetzen, ein florales Motiv auf Papier bringen und mich ganz und gar im wunderschönen Prozess des Malens fallen lassen und mich der Kreativität hingeben. Doch ich stelle fest: Mein gewähltes Grün ist nicht das Grün, wie ich es mir auf dem Papier vorgestellt habe. Dadurch fühle ich mich blockiert und der sogenannte kreative Flow gerät ins Stocken. Wie ein Auto, das abgewürgt wird und nicht mehr anspringen möchte. Malen ist etwas Ganzheitliches. Es geht um das Motiv, die Idee, die Stimmung im Inneren, das gewählte Medium, das Rundherum und ja, auch um die Farben, die genutzt werden. Sie sind ein präsenter Teil deines Bildes und sie verdienen Beachtung und Zeit. Deswegen erstelle ich im Vorfeld gern Farbcodes und überlege mir zu jeder kreativen Auszeit, mit welchen Farben ich heute malen möchte. Meist ist es eine Auswahl von vier bis sechs Farben. Sehr übersichtlich und trotzdem vielfältig.

TIPP

In einem Aquarell-Skizzenbuch kannst du Farbcodes anlegen, um immer wieder auf schöne Farbkombinationen zugreifen zu können. Im Buch findest du zu allen Projekten entsprechende Vorschläge für die Farbwahl.

RAUM, MUTIG SEIN ZU DÜRFEN

Das Wundervolle ist, dass dein Untergrund Papier ist. Das bedeutet, dass du endlose Möglichkeiten hast, was du damit später tun wirst. Papier kannst du einrahmen, verschenken, aufbewahren oder auch verbrennen. Das mag sehr hart klingen, doch ich möchte dir dadurch eine Sache deutlich machen: Es ist „nur" Papier, das du in deiner Me-Time gestaltest, um zu entspannen, und du darfst dir erlauben, mutig zu sein und damit auch Neues wagen.

Lass die Angst vor dem weißen Blatt erst gar nicht zu präsent werden und sei dir bewusst: Es ist Papier und niemand steht hinter dir, der dich beurteilt. Du tust etwas für dich und darfst die Farbe fließen lassen, sie facettenreich anwenden und neue Kombinationen an Farbtönen ausprobieren. Du darfst auf Papier mutig sein – so wie auch im Leben.

*Sieh dich selbst als Forscher*in auf Entdeckungsreise. Nicht als jemand, der etwas „falsch" machen kann.*

DAS MEDIUM AQUARELL

Aquarell ist wie ein wildes Pferd, das du versuchst zu zähmen – ob das auch das Pferd will? Aquarellfarbe sucht sich Wege, fließt und setzt sich. Hinterlässt immer Spuren auf dem Papier und überrascht. Von zarten Verläufen, neuen Farbtönen, die vor dir wie von selbst entstehen, bis hin zu harten Rändern und „aufgeplatschter" Farbe.

Eine Grundregel: Wo es nass ist, fließt es, wo es trocken ist, hört es auf zu fließen. Klingt einfach, nicht? Doch es gibt noch so viel mehr Aspekte, die Watercolor so interessant machen. Im Buch wirst du vieles darüber erfahren, doch das Wichtigste ist, der Technik mit Offenheit zu begegnen und sie zu wiederholen. Ein wildes Pferd wird schließlich auch nicht nach der ersten Begegnung gezähmt.

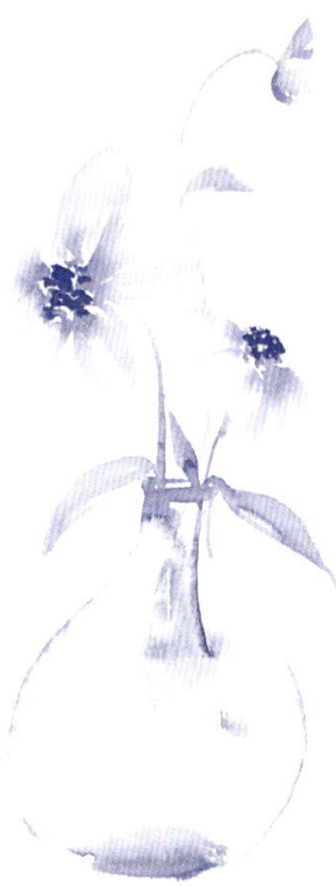

BENÖTIGTES MATERIAL

Ganz abgesehen von Dingen, die wir sowieso bei uns am Tisch brauchen, wie Kekse, ein leckeres Getränk und eine schöne Kerze für den Wohlfühlfaktor, benötigen wir für Selfcare-Watercolor auch etwas Künstlermaterial.

IMPULS ZUM MATERIAL

Mit Übung und Feingefühl wirst du mit jedem Utensil zu besonderen Ergebnissen kommen. Entscheide dich für ein Set-up, das dich anspricht, und bleibe für eine bestimmte Zeit dabei. Du wirst merken, dass du dich immer vertrauter damit machst und dein Können vertiefen kannst – auf ganz natürliche Art und Weise.

Bei häufigem Materialwechsel fällt es hingegen schwer, in die Technik hineinzufinden. Denn verschiedene Papiere, Pinsel und Farben verfügen über die unterschiedlichsten Eigenschaften.

Ich empfehle dir die Carrie's Kreativbox von Royal Talens, ein Materialset, das dich durch eine Motivwelt begleitet. Ich merke immer wieder, dass gutes Material, das ich bewusst wähle und beherrsche, mir mehr Raum für Kreativität schenkt als ein Berg an Schätzen, der mich zu zahlreichen Entscheidungen zwingt. Dabei möchte ich doch einfach malen und loslassen.

ERLEBNIS MIT GUTEM MATERIAL

Natürlich kannst du eine Blume mit einem gewöhnlichen Schulmalkasten auf Papier bringen. Doch es geht mir um das gesamte Erlebnis. Wenn die Farbe über das Papier fließt und sich mit anderen Pigmenten vereint – in purer Leichtigkeit –, sollte das nur positive Gefühle hervorrufen.

Zarte Farbverläufe entstehen, man verliert sich im gefühlvollen Auftragen des Farbfilms, die Leuchtkraft und transparente Verletzlichkeit schimmern dir im Motiv entgegen. Es geht um deine kreative Me-Time. Darum, dir etwas Gutes zu tun, und deswegen entscheide ich mich immer für Materialien, die ich wirklich will und die mir Freude bereiten.

MATERIAL-ÜBERBLICK

PERSÖNLICHE FAVORITEN FÜR SELFCARE-WATERCOLOR

- Hahnemühle Expression Aquarellpapier in Matt
- Stifteliebe Quadratisches Aquarellpapier
- VanGogh Aquarell-Rundpinsel 131 Gr. 00
- VanGogh Aquarell-Rundpinsel 131 Gr. 2
- VanGogh Aquarell-Rundpinsel 131 Gr. 8
- DaVinci Aquarell-Verwaschpinsel Gr. 0
- VanGogh Aquarellfarben
- Daniel Smith Aquarellfarben

TIPP

*Stöbere durch die Vielfalt. Das Sortiment von **stifteliebe.de** bietet dir eine wunderbare Materialvielfalt für deine kreative Auszeit.*

PERSÖNLICHE FAVORITEN FÜR DEIN DRUMHERUM

- Carlé Affirmationskerze
- Notizbuch für persönliche Gedanken
- ein Heißgetränk, das von innen wärmt
- sanfte Musik im Hintergrund

TIPP

*Schaue dich auf **www.carle.at** um, dort wartet eine Vielfalt an besonderen Stimmungsmachern auf dich.*

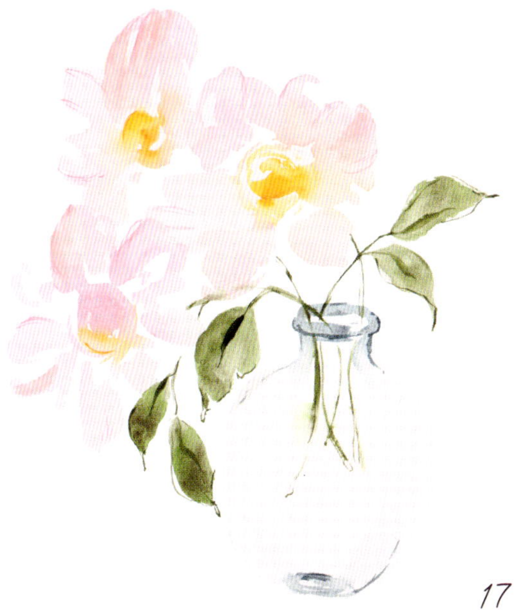

AQUARELLPAPIER

Es gibt eine große Auswahl an Aquarellpapieren. Sowohl von der Form, Größe als auch der Eigenschaft und Haptik des Papiers. Es ist und bleibt Geschmackssache und basiert auf persönlichen Vorlieben, wozu du greifen möchtest. Es gibt nicht „das eine" und doch gibt es für mich selbst Favoriten, die ich für unterschiedliche Motivwelten gern nutze.

Für florale Motive ist es Aquarellpapier aus 100 % Baumwolle mit matter Oberfläche. Diese Eigenschaften schenken zarte Farbverläufe, das Papier bleibt beim Malen etwas länger feucht und der Pinsel gleitet besonders sanft darüber.

Sobald du mit einem Bild fertig bist, lass deinen Block noch so lange am Tisch liegen, bis alles trocken ist. Nimm erst dann dein Blatt vom Block ab. Gute Blöcke sind an den Kanten auf allen vier Seiten verleimt und diese werden nach dem Malen mit einem Messer abgetrennt. Dazu gibt es an einer Seite eine kleine Stelle, an der das Papier nicht verklebt ist.

TIPP

Ein behutsamer Umgang mit deinem Papier lohnt sich. Aquarellpapier ist sensibel und kein großer Freund vom Radieren oder zu häufigem Hin-und-her-Wischen mit dem Pinsel.

Das Papier steht für mich für Achtsamkeit. Es geht bei Watercolor tatsächlich um Beobachten, Handeln, Loslassen und Vertrauen. Denn die Farbe entwickelt sich auf dem Papier bis zu dem Zeitpunkt, zu dem es vollständig getrocknet ist.

Die zarten Farbverläufe, in die man sich sehr schnell verliebt und die einem das Gefühl von Schwerelosigkeit geben, bekommt man als Geschenk für das Vertrauen, dass sich alles auf dem Papier seinen Weg sucht.

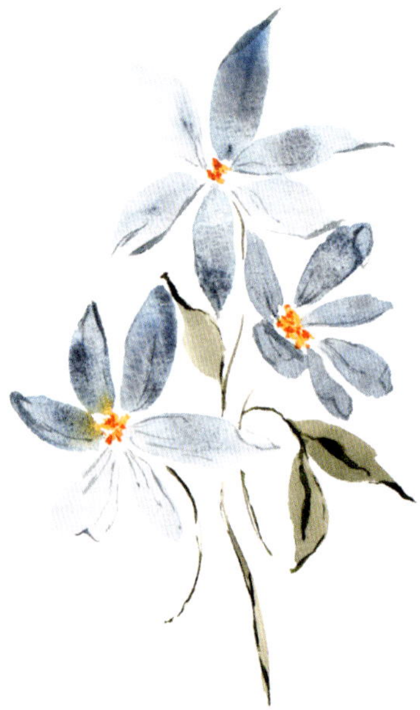

PINSEL

Tatsächlich reichen ein bis zwei Pinsel für deine kreative Me-Time in der Motivwelt Loose Florals Watercolor. Ich empfehle reduziertes, dafür gutes Material, mit dem du dich vertraut machst. Achte beim Kauf der Pinsel auf das Pinselhaar, in Hinblick darauf, ob es sich um Echthaar oder Kunsthaar handelt. Eine vielleicht sehr wichtige ethische Frage für dich.

Für filigrane Details nehme ich sehr gern den VanGogh 131 Rundpinsel Größe 00 oder 2. Blüten und größere Flächen male ich mit dem VanGogh Rundpinsel 131 Gr. 8 oder Casaneo Verwaschpinsel von DaVinci in Größe 0. All diese Pinsel sind aus Kunsthaar.

Hinweis: Wähle für Details immer einen kleinen Pinsel, selbst wenn ein größerer Pinsel eine sehr feine Spitze besitzt. Der Unterschied liegt im Füllvolumen und der Farbe, die in der Anwendung abgegeben wird. Je größer die Pinselspitze, desto mehr Wasser kann abgegeben werden. Somit entstehen zwar ebenfalls feine Linien, doch es kann sein, dass sie zu nass werden. Das erkennst du durch einen „Wasserbug" auf dem Papier. Im Trocknungsprozess platzt die Spannung auf und die Linien sehen nicht mehr filigran aus.

AQUARELLFARBE

Greife zu hochwertigen Farben und folge deinen Farbvorlieben. Jedes Motiv aus dem Buch lässt sich ebenso mit anderen Farben wunderschön umsetzen. Du wirst selbst schnell merken, dass sich Lieblinge und wahre Juwelen für dich herauskristallisieren. Unbewusst wirst du immer wieder zur selben Farbe greifen oder nur mit „dem einen" Pinsel malen.

Aquarellfarben gibt es in Näpfchen (meist in Malkästen) oder in Tuben. Beide Varianten sind gleichwertig und unterscheiden sich nur in der Konsistenz. Farbe in Näpfchen kannst du direkt im Malkasten anwenden. Für Tubenfarben benötigst du eine extra Oberfläche wie eine Farbpalette oder einen ausrangierten Teller, auf dem du Farbtupfen platzierst, um sie mit dem Pinsel aufnehmen zu können.

Die Haltbarkeit von Aquarellfarben ist beeindruckend. Ob im Malkasten oder auf deiner Mischfläche – Aquarellfarbe ist nahezu ewig haltbar. Ist sie eingetrocknet, dann kannst du sie jederzeit wieder mit etwas Wasser aktivieren und weiterverwenden.

TIPP

Decke eingetrocknete Aquarellfarbe ab oder schließe deinen Malkasten, um zu verhindern, dass sich bei längeren Malpausen Staubpartikel in die Farbe schummeln.

WATERCOLOR-TECHNIKEN

Bei Selfcare-Watercolor geht es nicht nur um das Anwenden der Technik nach Lehrbuch, sondern um ein Ritual, in dem ein Gefühl im Mittelpunkt steht. Ich verzichte hier deshalb auf herkömmliche Tipps und gebe dir stattdessen mein Wissen anhand von Übungen weiter. Nebenbei lernst du die wichtigsten Watercolor-Techniken kennen.

„Ich bin frei wie im Traum."

NASS-IN-NASS-TECHNIK

Papier ist nass, Pinsel ist nass. Typisch für die Nass-in-Nass-Technik sind die zarten und sanften Farbverläufe.

NASS-AUF-TROCKEN-TECHNIK

Papier ist trocken, Pinsel ist nass. Typisch für die Nass-auf-Trocken-Technik sind die harten Übergänge. Hier verläuft keine Farbe.

AQUARELLFARBE AUFHELLEN

Watercolor funktioniert nur, wenn man der Farbe Wasser gibt. Ein Farbton bleibt dann nicht nur eine Farbnummer, sondern kann durch das Hinzufügen von Wasser viele unterschiedliche Abstufungen erhalten. So kannst du von sehr intensiv (wenig Wasser) bis zu stark transparent (viel Wasser) vielseitig mit einer Farbe kreativ sein.

Hier wurde ein und derselbe Farbton nur mit Wasser aufgehellt.

FARBKOMBINATIONEN

Bevor ich mit Farbe in ein Motiv gehe, teste ich die Farbtöne in der Nass-in-Nass-Technik und lasse sie sich verbinden. So erkenne ich sehr schnell, ob ich damit mein Bild gestalten möchte. Ebenso kann ich durch so einen Test die Eigenschaften von Farben sehr gut lesen. Man sieht sofort, ob eine Farbe sehr schnell fließt und wie sie im trockenen Zustand aussieht. Probiere dazu meine erste Übung „Aufwärmen mit einem Watercolor-Sonnengruß" aus!

Übung

AUFWÄRMEN MIT EINEM WATERCOLOR-SONNENGRUSS

1. Nimm dir ein großes leeres Blatt Aquarellpapier und benetze mit deinem Pinsel eine größere Fläche gleichmäßig mit Wasser. Aktiviere deine erste Aquarellfarbe mit Wasser und tupfe damit in die nasse Fläche. Achte darauf, dass du keine Pfützen auf dem Papier stehen hast, sondern einen leichten Wasserfilm an der Papieroberfläche. Wasche dann deinen Pinsel aus.

TIPP

Lenke deine Gedanken schon bei den ersten Übungen und Impulsen in eine neue und offene Richtung. Diese Zeit, die du dir jetzt nimmst, ist ein Geschenk.

2. Aktiviere weitere Aquarellfarben und tupfe sie in die nasse Fläche.
Achte gezielt auf die Geschwindigkeit der Pigmente: Bewegen sie sich oder bleiben sie stehen? Spiele etwas mit der Menge von Wasser auf dem Papier und auch mit der Intensität der Farbe, die du auf das Papier bringst. Es ist eine Begegnung und ein Austausch. Du wirst sehr schnell selbst erkennen, welche Menge an Wasser auf dem Papier den Farbfluss fördert. Du kannst das immer wieder üben und so deinen eigenen Watercolor-Sonnengruß etablieren.

Übung

NASS-IN-NASS-TECHNIK

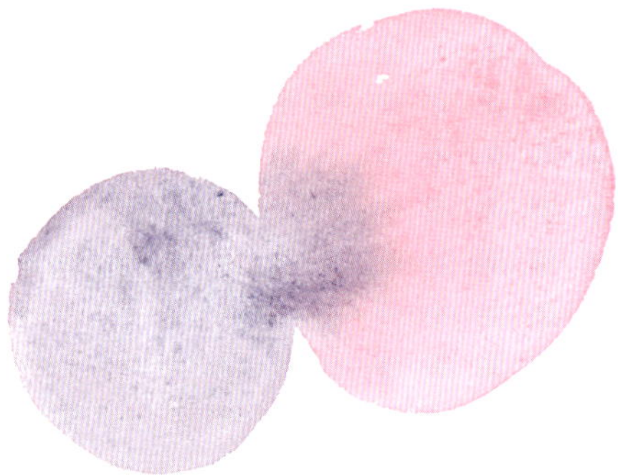

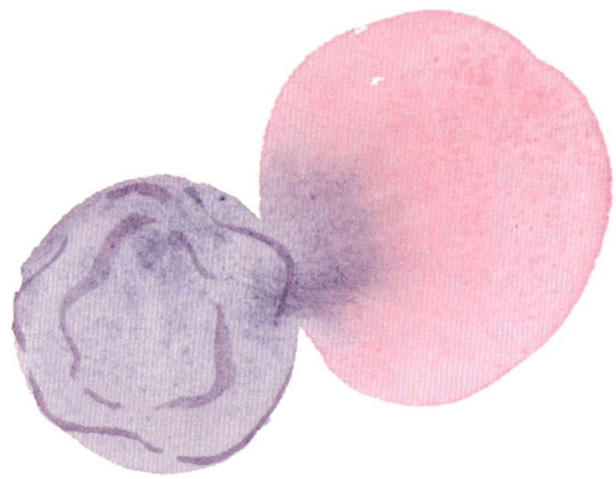

1. Male eine Form mit Wasser und nasser Farbe aus. Dort, wo das Papier nass ist, verteilen sich die Pigmente. Das Wasser ist die Grenze des Farbverlaufs. Dort, wo das Papier trocken ist, wird die Farbe nicht hinlaufen.

2. Male eine weitere Form und verbinde diese mit der noch nassen Fläche von Schritt 1. Nun verbinden sich zwei nasse Flächen und es entstehen spannende Entwicklungen. Diese Anwendung ist für die locker gemalten floralen Motive sehr wichtig.

Du kannst ohne Weiteres immer sofort mit Farbe auf Papier malen und musst nicht zwingend mit reinem Wasser eine nasse Fläche vormalen. Es gibt keine strengen Vorgaben.

TIPP

Es ist spannend, sich auf neue Farbwelten einzulassen und diese für eine Motivreihe zu verwenden. Ebenso ist zu beobachten, wie unterschiedliche Farben aufeinander auf dem Papier wirken und deren Eigenschaften zu erkennen sind. Aquarellfarben können von stark transparent bis deckend sein und es gibt Farbtöne, die einen speziellen Effekt auf dem Papier aufweisen. Lerne deine Farben besser kennen, baue Vertrauen auf und finde neue Kombinationen, die dich beeindrucken.

Übung

NASS-AUF-TROCKEN-TECHNIK

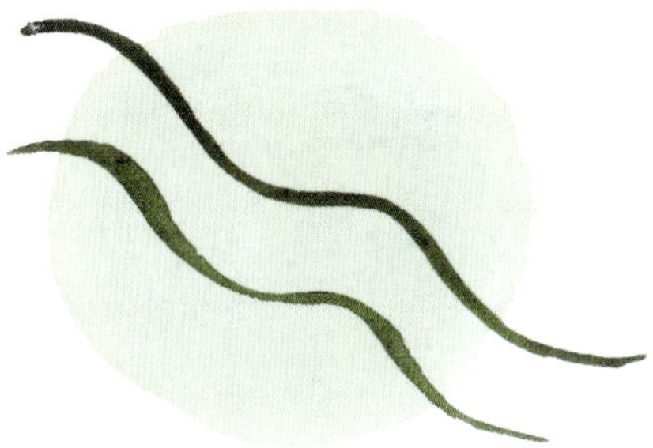

1. Wiederhole die Schritte 1 und 2 der Übung von der Nass-in-Nass-Technik.

2. Lass die Farbe auf dem Papier vollständig trocknen. Bringe anschließend Farbe auf das Papier, ohne es zuvor anzufeuchten. Du kannst dazu tupfen, Linien ziehen oder neue Formen malen. Bei den Motiven im Buch wird diese Technik bei den Details eingesetzt, aber auch um einzelne Komponenten der Motive hervorzuheben und das Motiv zu erweitern.

TIPP

Achte auf den Farb- und Wasserfluss des Pinsels. Ist dein Pinselstrich kornig und erinnert an das Malen mit einem Buntstift, benötigst du mehr Wasser. Erkennst du eine starke Oberflächenspannung beim Farbauftrag, ist es ein Zeichen für zu viel Wasser oder Farbe auf dem Papier.

DETAILS SETZEN

Oft werde ich gefragt, wie ich beim Setzen von Details vorgehe. Zum einen machen es die Erfahrung und die Wiederholung der Technik, dass man irgendwann weniger über jeden Pinselstrich nachdenkt, und zum anderen suche ich nach kleinen Ankern. Zu Beginn ist es hilfreich, wenn du Einkerbungen nutzt, um dort eine sanfte Linie zu setzen. Ebenso erweitere ich gern die Blütenformen oder male sie nach, ohne sie dabei exakt nachzuziehen. Oft finde ich Stellen, die durch meine Maltechnik bereits einen Verlauf darstellen, der gut genutzt werden kann. Auch dieses Merkmal nutze ich am Bild als Anker. Man könnte also sagen, ich blicke achtsam auf meine Umsetzung und gehe auf das, was vor mir liegt, ein. So finde ich den Weg.

TIPP

Ich achte immer darauf, dass ich den ersten Farbauftrag auf Papier transparent halte und erst danach mit den Details immer farbintensiver werde.

Bei Watercolor gibt es kein Geheimrezept. Tatsächlich sind die Bereitschaft, sich auf etwas Neues einzulassen und das Wiederholen von Übungen in Kombination mit Materialharmonie wesentlich.

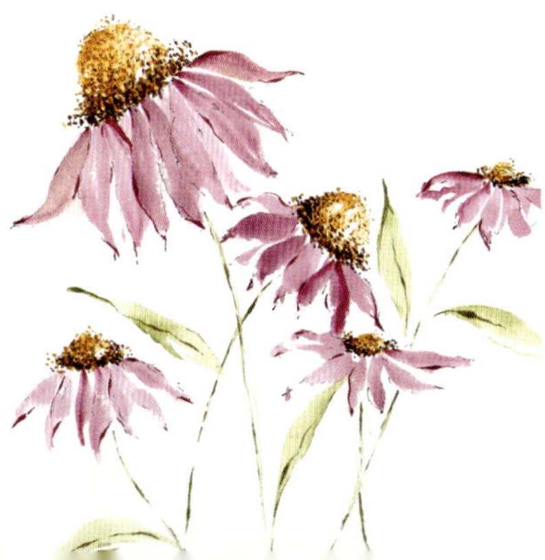

PINSELÜBUNGEN

Wenn wir schon beim Watercolor-Yoga sind und du bereits beim Lesen spürst, wie wohltuend Selfcare-Watercolor sein kann und welche wunderschönen Ansätze sich dahinter entdecken lassen, so möchte ich mit den Pinsel-Yoga-Posen fortfahren.

Sie gelten für mich weder als eine trockene Übung noch als eine langweilige Pflicht. Sie stehen für mich eher für eine Art Aufwärmrunde und fürs Ankommen beim Malen. Aus dem Stressgefühl raus und hinein in die Ruhe, in die ich mich begeben möchte. Es ist nicht immer mit purer Leichtigkeit verbunden, den Pinsel von null auf hundert zu schwingen und dabei den Flow zu spüren. Du kannst dich jedoch mit einfachen Hebeln diesem Gefühl nähern. Diese drei Übungen helfen dir und unterstützen zugleich deine Fähigkeiten.

ÜBUNG 1: FEINE LINIEN

Übe kaum Druck auf den Pinsel aus und halte diesen sehr steil. Je aufrechter der Pinsel gehalten und je leichter der Druck auf die Pinselspitze ist, desto feiner wird die Linie.

ÜBUNG 2: BREITE STREIFEN

Gehe mit dem Pinsel in die Farbe, achte darauf, dass die Farbe möglichst flüssig angerührt ist, und setze mit etwas Druck auf dem Papier an. Halte den Pinselstiel etwas geneigt, in einem 45-Grad-Winkel zum Papier. Du siehst, wie das Pinselhaar durch Ausüben von Druck in die Breite geht. Ziehe so eine Linie und reduziere dabei langsam den Druck.

ÜBUNG 3: PINSELSPITZE – DRUCK – PINSELSPITZE

Nun füge Übung 1 und Übung 2 zusammen. Eine hilfreiche Technik, die du für botanische Elemente wie Blätter wundervoll einsetzen kannst. Du lernst damit, den Pinsel noch besser zu kontrollieren.

1. Ziehe eine feine Linie. Halte dazu den Pinsel steil im 90-Grad-Winkel und übe kaum Druck auf den Pinsel aus.

2. Neige den Pinselstiel nun zum Papier und übe sanften Druck aus. Bleibe dabei immer in Bewegung, um einen gleichmäßigen Farbfluss zu erlangen.

3. Gehe in der Bewegung in die aufrechte Position zurück und nimm den Druck raus. Du kommst wieder zur feinen Linie und beginnst wieder mit Schritt 1.

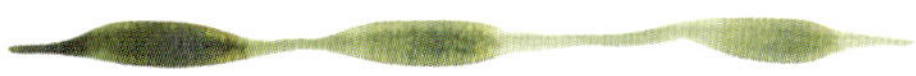

Diese Übung ist sehr hilfreich, um deine Hand aufzulockern.

Beispiele für weitere Formen und Möglichkeiten als Übung

TIPP

Probiere aus, was mit dem Pinsel alles möglich ist. Tupfe mit der Pinselspitze von allen Seiten, setze in unterschiedlichen Winkeln an und ziehe ihn mit wenig bis viel Druck in allen möglichen Richtungen über das Papier.

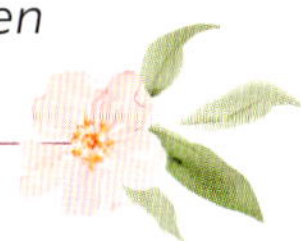

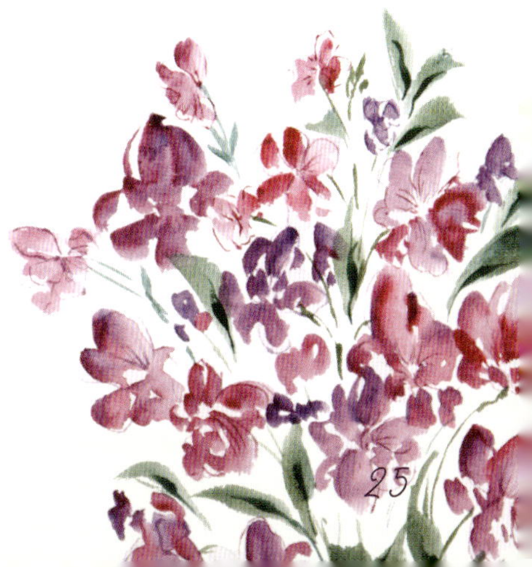

SKIZZEN

Im Einfachen liegt das Schöne und „einfach" verbinde ich mit Leichtigkeit. Genau das dürfen Skizzen für mich sein. Lockere Stifthaltung, keine Regeln und gern arbeite ich auch nur mit Grundformen, die mich ohne Ausrede einfach starten lassen.

GRUNDFORMEN BEI SKIZZEN

Wie soll ich eine Blume aquarellieren, wenn ich nicht weiß, wie ich eine Blume zeichne? Ein Anhaltspunkt – ich verwende gern das Wort Anker – ist meine Lösung für (fast) alles. Das sind in diesem Fall Vorzeichnungen in Form von Spiegelei, Donut und Kidneybohne. Auf diesen Formen, die ich mit Bleistift leicht vorzeichne, baue ich alle Motive in diesem Buch auf.

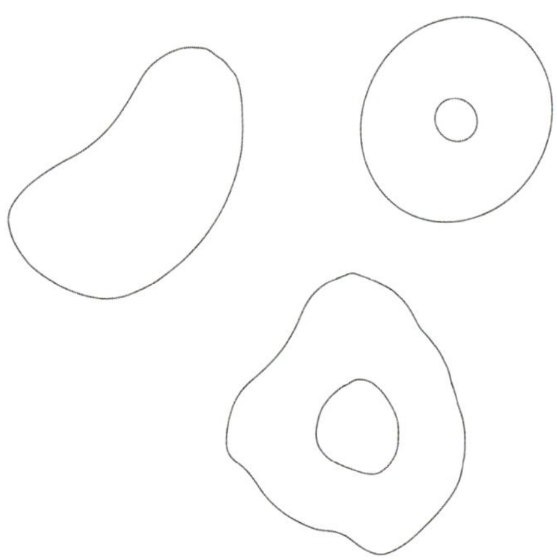

VON DER GRUNDFORM ZUR BLÜTE

So füllst du Grundformen aus und lässt Blüten daraus wachsen, die verzaubern.

TIPP

Erlaube dir, kreativ zu sein, und suche Formen aus deinem Blickfeld und befülle sie mit unterschiedlichen Blumen und Blütenblättern. Eine wundervolle Übung, eine Erweiterung deines Spektrums und vielleicht sogar ein eigenes kreatives Ritual für dich.

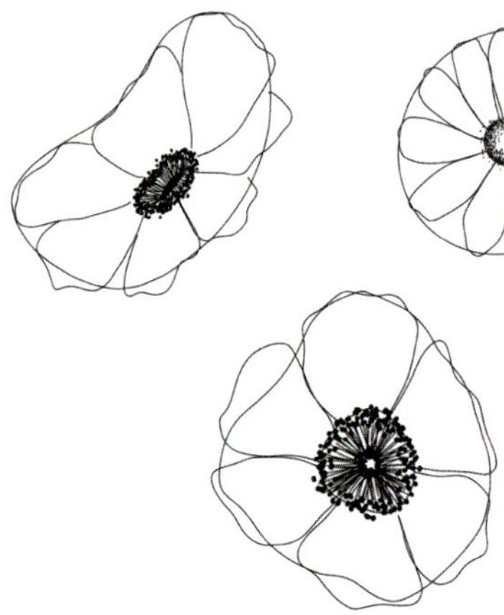

PROZESS

Nach dem Befüllen der Grundformen wollen wir einen Schritt weiter gehen.

VON DER GRUNDFORM ZUM LOCKEREN AQUARELL

Ich möchte dir einen sehr schönen und einfachen Prozess offenlegen, an den ich mich nahezu immer halte, wenn ich neue Blüten male.

1. Habe ich die Grundform befüllt, koloriere ich diese in meinen Wunschfarben. Dabei versuche ich, schon etwas mit den Formen und Pinselbewegungen zu spielen, und erforsche den Watercolor-Weg zum Motiv.

2. Es wird spannend! Ich male meine Skizze nun frei Hand mit dem Pinsel. Ich weiß jedoch schon etwas mehr über den Prozess und wie ich zu einem Ergebnis kommen kann. Durch diese Sicherheit kann ich auf das Vormalen verzichten und mich ganz den Farbverläufen widmen.

TIPP

Zeichne deine Blüten gern so lange vor, bis du mit der Technik vertraut bist.

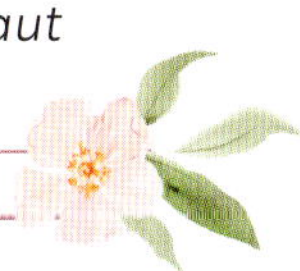

*Zum Download der Vorlagen den QR-Code scannen oder das Buch unter **www.emf-verlag.de** suchen und dort „Downloads" anklicken.*

Beispiel des Prozesses: von der Skizze zur lockeren Aquarellblüte

BLÜTENBLÄTTER MALEN

Tauche deinen Pinsel in Farbe und streife den Überschuss etwas ab, bevor du auf dem Papier ansetzt. Halte den Pinselstiel im 45-Grad-Winkel und setze ihn mit etwas Druck auf dem Papier an. Die ganze Pinselspitze darf auf dem Papier liegen. Dann ziehe den Pinsel langsam, leicht gebogen nach unten und drehe dabei den Pinsel etwas beim Absetzen.

Deine gezogene Linie hört mit einem schmalen Ende auf, da du noch in der Bewegung absetzt.

Setze diese Form nach Belieben zusammen. Es entstehen wunderschöne Blütenblätter, die du von schmal bis sehr bauchig darstellen kannst.

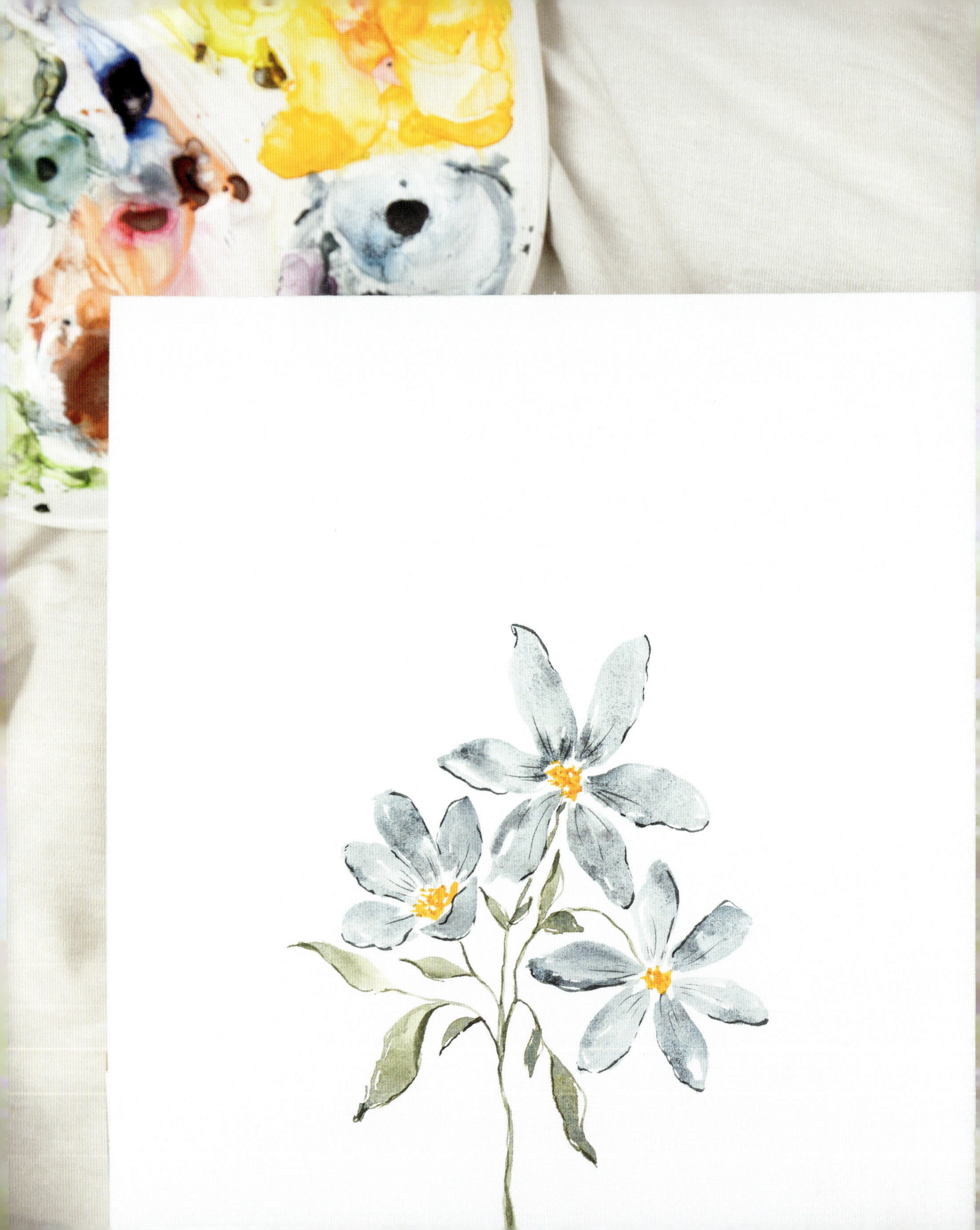

Die Motivwelt

In diesem Buch begegnen dir florale Motive. Geht man achtsam durch die Natur oder schenkt den Schnittblumen in der Vase zu Hause etwas Aufmerksamkeit, eröffnet sich einem eine wunderschöne Welt. Die Vielseitigkeit, die Ordnung, die wunderschönen Farbverläufe und der zarte Schein eines Blütenblatts stellen eine Faszination dar, von der wir alle lernen können. Betrachtet man eine Blume in ihrem Sein etwas genauer, dann erkennt man, wie stark sie ist. Blumen trotzen dem Wetter und wissen, wie sie sich schützen können. Sie wachsen dort, wo sie gerade sind, säen wieder Samen und tun ihr Bestes – jeden Tag –, wie du und ich. Blumen vermitteln Botschaften und stellen eine wunderschöne Motivwelt für Selfcare-Watercolor dar.

Begleitet werden die Motive von Ritualen. Dort findest du Botschaften, kleine Übungen und Impulse, die dich in deiner Me-Time mit Selfcare-Watercolor passend begleiten.

IMPULS

Vielleicht merkst du beim Prozess des Malens, dass du einen etwas anderen Weg gehst als ich. Folge deiner Intuition, denn es gibt keine Regeln, wie Motive vollkommen werden. Weder die Farbkombinationen noch die exakte Anordnungen müssen mit meinen Motiven übereinstimmen. Ich reiche dir hier nur meine Hand und zeige dir meinen Ansatz. Mache ihn gern mit, werde warm, übe mit mir und erlaube dir, deinen Fokus auf dein wundervolles Blatt Papier zu richten. Entscheide aber immer selbst, was dein Bild oder du noch brauchst.

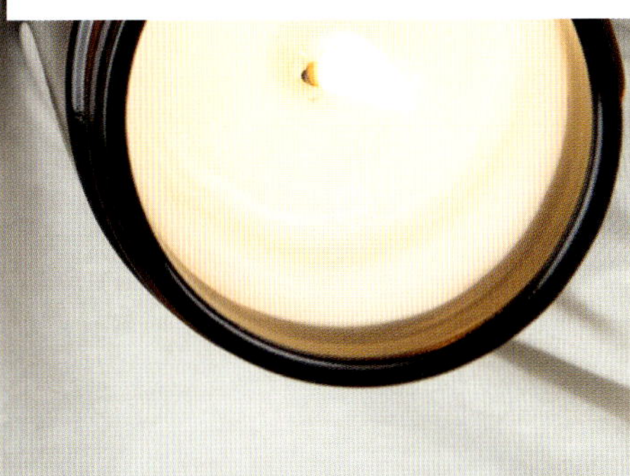

MOHN
voller Lebensfreude

In diesem Motiv geht es nicht nur darum, sich lebendig zu fühlen, es geht hier auch um unterschiedliche Perspektiven der Blüte. Genau das macht diese Illustration besonders interessant, neben der unregelmäßigen und doch harmonischen Anordnung und den strahlenden Farben.

SELFCARE-WATERCOLOR-MOMENT

Die großen, bauchigen Blütenblätter laden zum Experimentieren mit dem Pinsel ein. Dabei kannst du völlig losgelassene Blütenvarianten erschaffen.

MATERIAL

PAPIER
Hahnemühle Expression Matt, 24 × 30 cm

PINSEL
Van Gogh Rundpinsel 191 Gr. 00

DaVinci Casaneo Verwaschpinsel Gr. 0

WEITERES MATERIAL
wasserfester Fineliner von Sakura

AQUARELLFARBEN

Aussie Rotgold von Daniel Smith

Echtes Apatitgrün von Daniel Smith

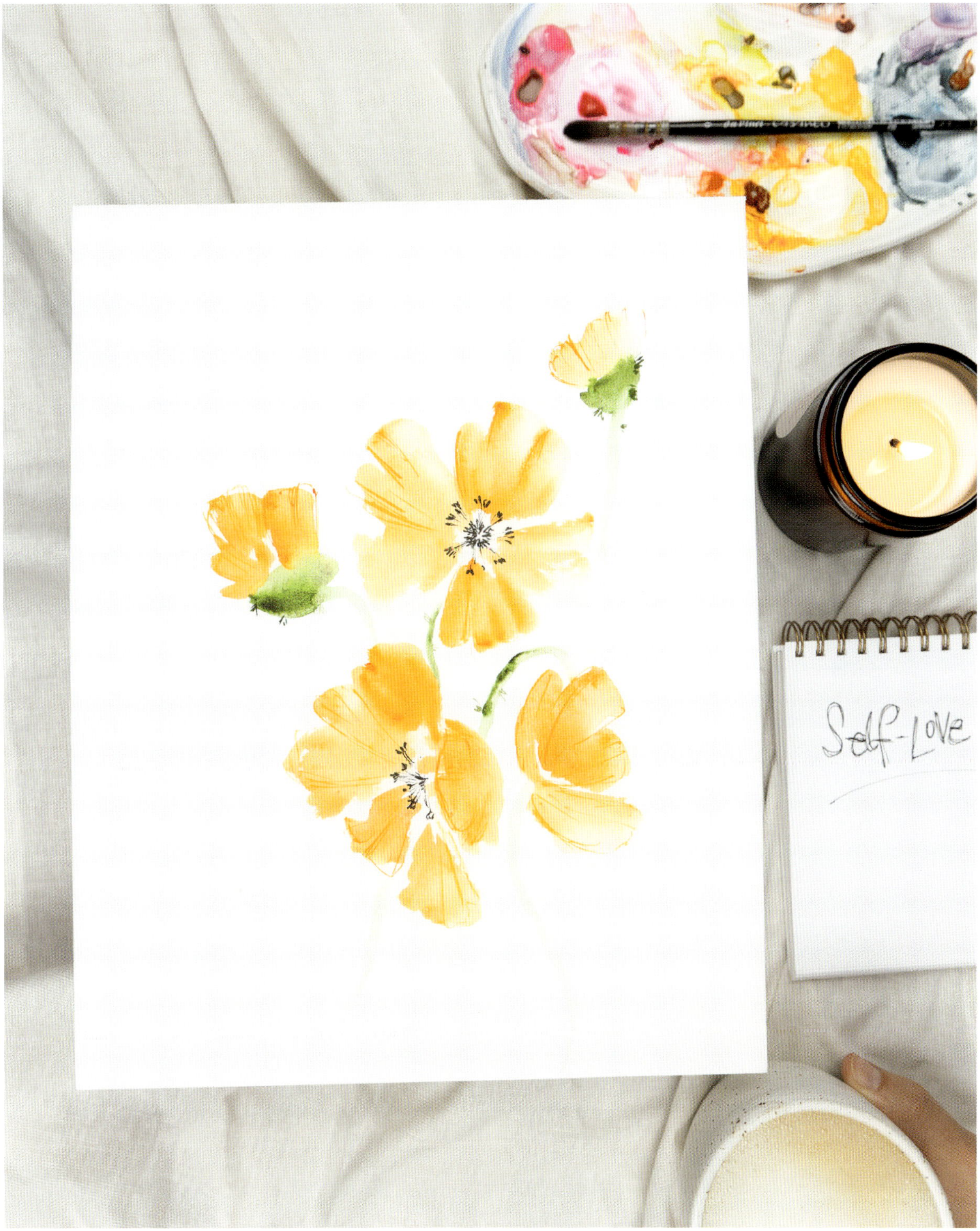
Self-Love

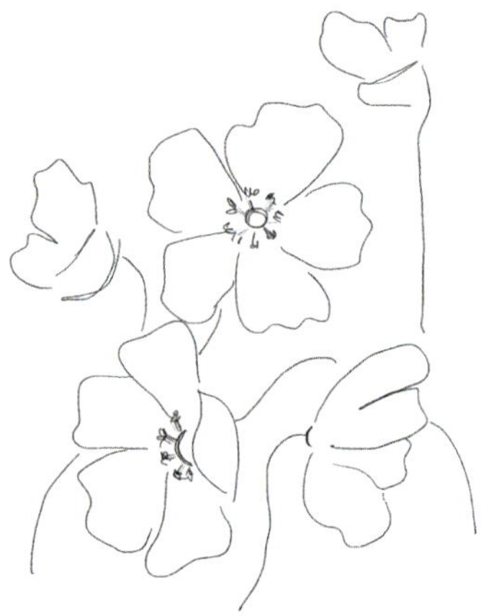

So geht's

1. Starte mit einer Skizze anhand von Grundformen. Nutze dafür gern die Vorlage und übertrage sie mit Bleistift auf dein Aquarellpapier.

TIPP

Mache dir ein Kompliment! Du hast dich bereits einige Minuten mit dem Bildprozess beschäftigt. Ein wundervolles Gefühl, nicht wahr?

2. Beginne mit der größten Blüte nass auf trocken und setze rundherum weitere Blüten. Male die Blütenblätter, indem du breite Pinselstriche zusammensetzt, und lass ein paar Weißräume stehen. Nutze dafür den Verwaschpinsel. Tauche dazu zuerst in aufgehellte Farbe und dann noch einmal mit der Pinselspitze in denselben Farbton, der kaum aufgehellt ist. Das ergibt schöne Effekte bei den Blütenblättern und es entstehen erste Kontraste.

TIPP

Die Blütenblätter dürfen unterschiedlich groß sein und können eine unregelmäßige Anordnung haben. Ihre Form muss nicht perfekt aussehen.

3. Male alle restlichen Blütenblätter und tupfe bei den halb geöffneten am Blütenboden mit Grün hinein, sodass ein schöner Verlauf zwischen Orange und Grün entsteht.

4. Nun setze die Stängel. Um zarte Verläufe herzustellen, beginne ich in der Mitte des Stängels und male ihn erst einmal intensiv an. Dann ziehe ich mit Wasser die Farbe nach oben in Richtung Blüte und nach unten und lasse den Stiel transparent enden. Du kannst auch mit einem Küchentuch die letzten zwei Zentimeter des Stiels abtupfen, um keinen harten Abschluss zu haben.

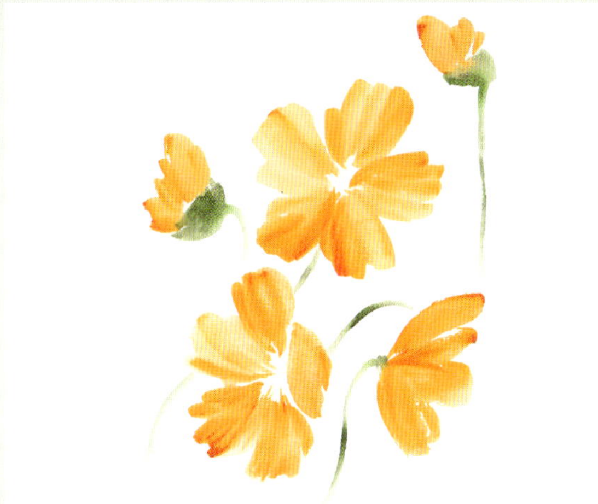

TIPP

Lass die Stiele gern „tanzen". Sie dürfen sich im Wind biegen, mal gerade sein oder nach einem Knick wieder aufstehen.

5. Nun dürfen die Blütenstempel gesetzt werden. Dies kannst du beispielsweise mit einem wasserfesten Fineliner tun. Hier arbeite ich mich immer nach und nach vor und entscheide intuitiv, wie viele Striche es sein sollen.

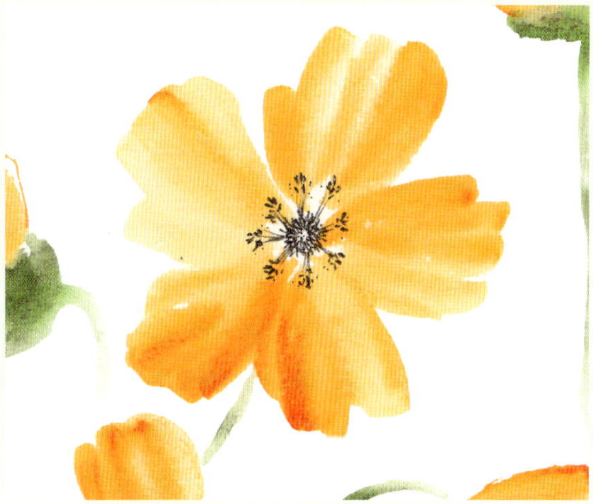

6. Zum Schluss kannst du feine Details setzen, die einen nötigen Schwung, eine Zerbrechlichkeit, etwas Zartes oder auch Starkes haben dürfen. Benutze dazu den Rundpinsel in Größe 00 und nimm die orange Farbe auf den Pinsel. Ziehe Outlines (verstärkte Linien an den Rändern) oder setze Details im Blütenblatt, um ihnen mehr Form zu geben. Halte dabei den Pinsel senkrecht im 90-Grad-Winkel und beginne, die Linien locker zu setzen.

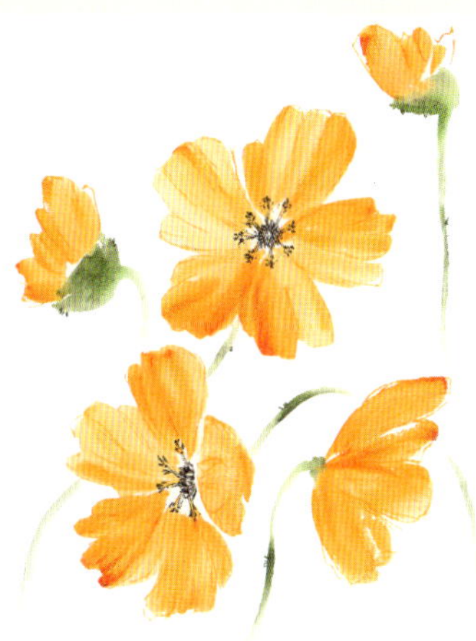

Morgenritual

LEBENDIGER MORGEN – DAS LEBEN SPÜREN UND ERWACHEN

„Ich erwache jeden Tag aufs Neue und erlaube mir, das Leben zu spüren und zu erleben."

KENNST DU DAS?

Du willst nicht raus aus den Federn, stapfst durch das Haus und spürst, wie du dich am liebsten ins Bett zurücklegen möchtest. Erlaube dir, zu erwachen!

IDEE FÜR DEIN RITUAL

Dusche nach dem Aufstehen kalt und erwache mit einem Frischekick und bringe deinen Körper und Geist damit in Schwung.

Tatsächlich wird kalt duschen oft abgelehnt, denn es kostet Überwindung. Doch was wäre, wenn man sich vorstellt, dass es ganz einfach geht und man sich schon davor auf das Gefühl danach freut? Die Lebenkraft, das Adrenalin und der kleine Schritt, über sich hinausgewachsen zu sein. Zu oft denken wir, wir können etwas nicht. Kleine Handlungen im Alltag, wie das kalte Duschen für eine Minute, können uns zeigen, dass doch mehr möglich ist, als wir meinen. Plötzlich spürt man das Leben!

Dusche für mindestens 60 Sekunden kalt, spüre das erfrischende Gefühl danach und bringe dieses auf Papier. Beispielsweise mit dem Motiv: „Mohn voller Lebensfreude" (S. 30).

Abendritual

LEBENSFREUDE ERKENNEN UND ANNEHMEN

„Ich erkenne täglich das Schöne in meinem Leben und nehme es an."

KENNST DU DAS?

Es gab eine Momentaufnahme des Tages, die lief nicht optimal, und obwohl es nur eine kleine Sache war, hängt sie wie eine dunkle Wolke über dem restlichen Tag. Entscheide, worauf du deinen Fokus legen möchtest.

IDEE FÜR DEIN RITUAL

Beantworte dir folgende Fragen und notiere dir deine Antworten, um sie noch bewusster wahrzunehmen und dabei völlig fokussiert zu sein.

- Welcher Moment hat mir heute ein gutes Gefühl gegeben?
- Wobei habe ich heute Freude verspürt?

Dies können auch kleine Momente sein wie ein warmer Sonnenstrahl, der beim Aussteigen aus dem Bus auf deine Wangen fiel, der erste Schluck Kaffee nach dem Aufstehen oder das herzhafte Lachen während eines Gesprächs.

Lebensfreude schwappt nicht nur bei großen Ereignissen auf uns über, sie darf täglich im Alltag wahrgenommen werden. Geben wir uns Raum, genau das (wieder) zu erkennen.

IN RUHE *blühen*

Farben schenken uns – wie in den Kapiteln zuvor angesprochen – Gefühle, und schaffen eine besondere Verbindung zu etwas. Oftmals muss es nicht bunt sein, sondern darf ganz und gar ruhig sein. In einem einzigen Farbton zu aquarellieren kann eine wahre Wohltat für deinen Selfcare-Moment sein. Du lässt dich ganz und gar auf die Formen ein und spielst mit den Möglichkeiten im Einfachen. Ganz in Ruhe.

SELFCARE-WATERCOLOR-MOMENT

Die Vielfalt einer einzigen Farbe erleben, ohne neue Entscheidungen treffen zu müssen.

MATERIAL

PAPIER

Hahnemühle Expression Matt, 24 × 30 cm

PINSEL

Van Gogh Rundpinsel 191 Gr. 00

Van Gogh Rundpinsel 191 Gr. 8

AQUARELLFARBEN

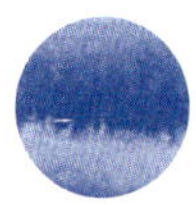

506 Ultramarin Dunkel von Van Gogh

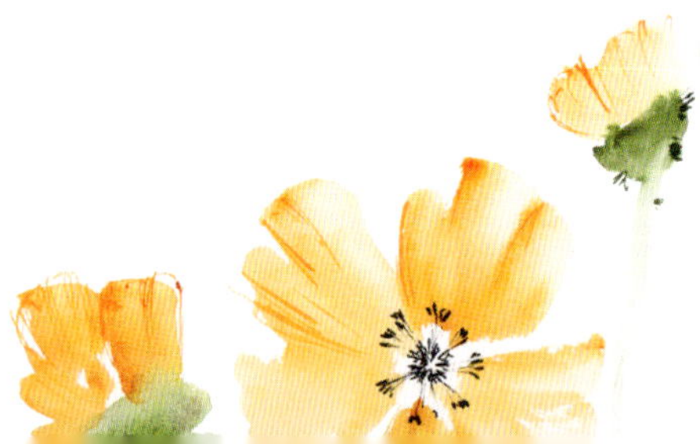

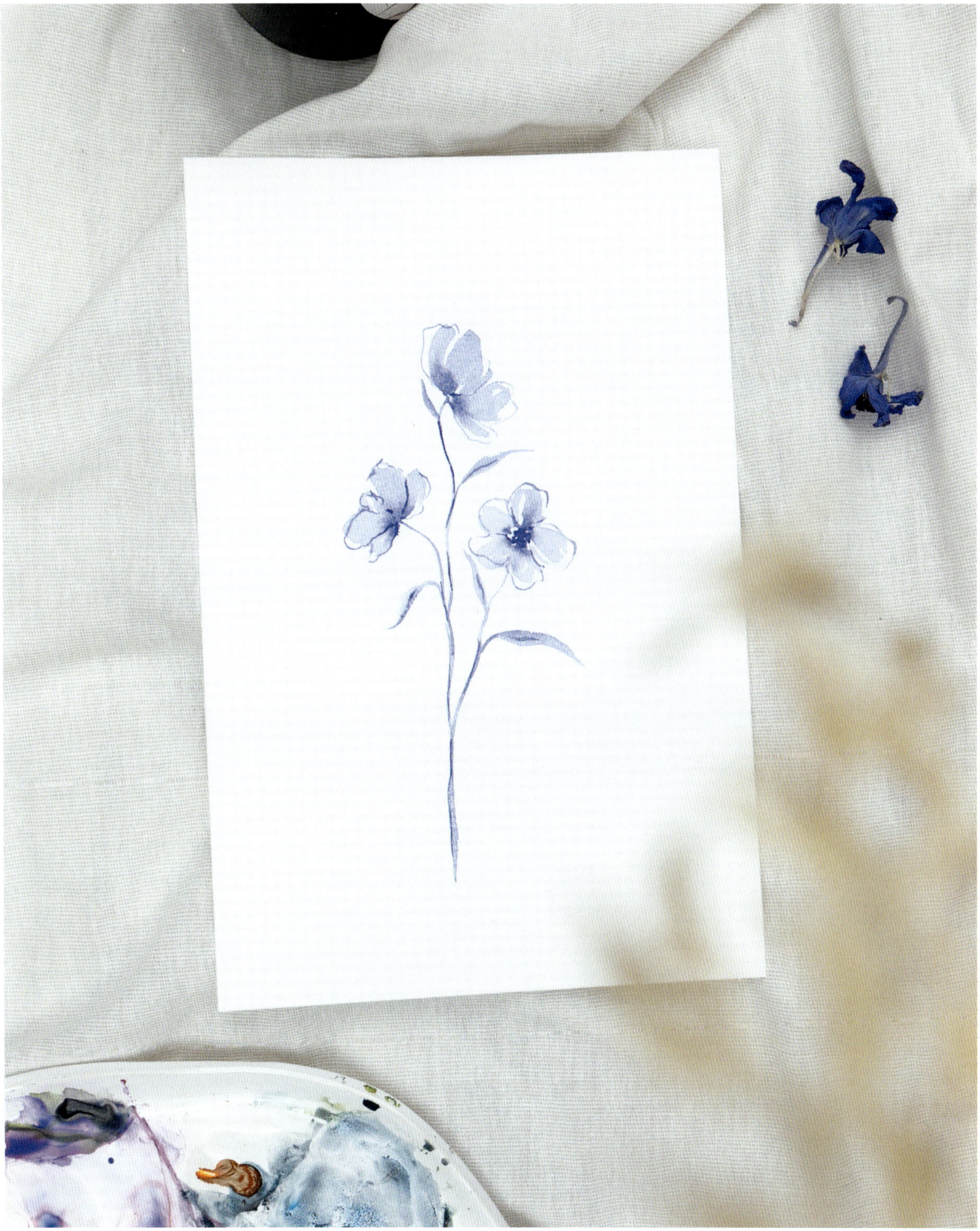

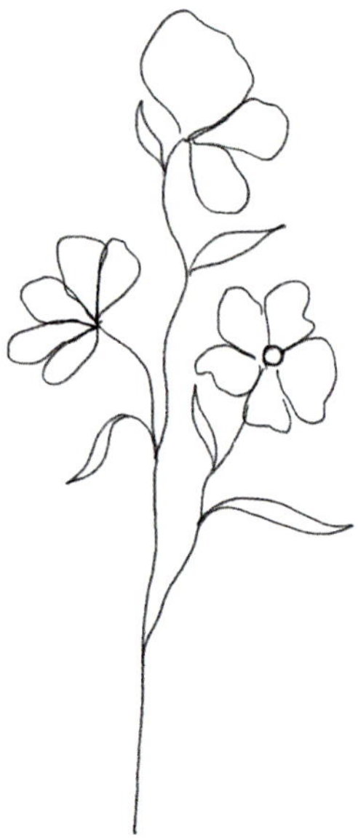

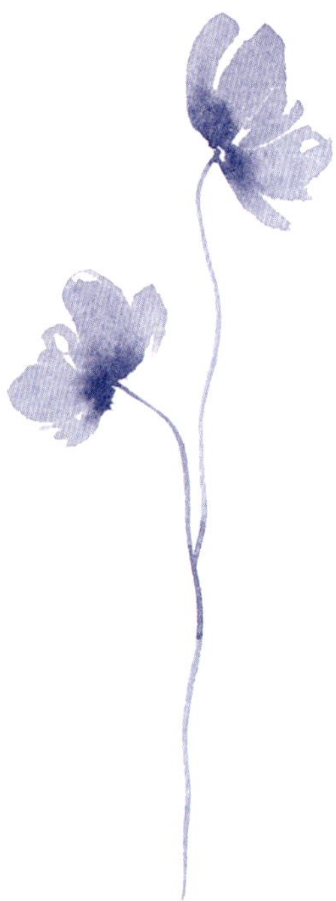

So geht's

1. Starte mit einer Skizze, wenn du dich noch nicht traust, frei zu malen.

2. Setze an einem Punkt deines Blattes an und aquarelliere mit dem größeren Rundpinsel eine einfache Blüte, die sich nach oben öffnet. Du kannst hier ganz deiner Intuition folgen und einige Blütenblätter im Halbkreis malen. Platziere etwas versetzt eine weitere halb geöffnete Blüte.
   Male deine Blüten transparent und nass auf trocken auf das Papier und tupfe anschließend intensivere Farbe in deine nasse Fläche. Lass ein paar Farbverläufe entstehen, das bringt den typischen Watercolor-Effekt in dein Bild. Ziehe dann einen Stiel von der oberen Blüte ganz locker und etwas geschwungen nach unten. Achte hier auf eine Pinselhaltung im 90-Grad-Winkel und wenig Druck. Berühre nur ganz sanft das Papier mit der Pinselspitze.

TIPP

Achte darauf, dass deine gemalte Blume nicht zu nass ist und das Wasser nicht auf dem Papier steht. Nur so sind zarte Farbverläufe gut möglich.

3. Füge deiner Blume eine weitere Blüte hinzu. Verbinde sie durch einen Zweig mit dem Hauptstiel und setze an allen Zweigen kleine Blätter. Erinnere dich hier an die Pinselübung „Pinselspitze – Druck – Pinselspitze" von Seite 25.

4. Mit feinen Details setzt du nun Akzente. Greife zum Rundpinsel in Größe 00 und folge dem Verlauf deines Motivs. Hier darfst du deinen Farbton mit weniger Wasser anmischen, um dich vom transparenten Erstauftrag abzuheben. Dies gilt für alle Motive, die Details von dir bekommen.

TIPP

Entscheide für dich, ob du das feine Motiv noch erweitern und ein Muster entstehen lassen möchtest.

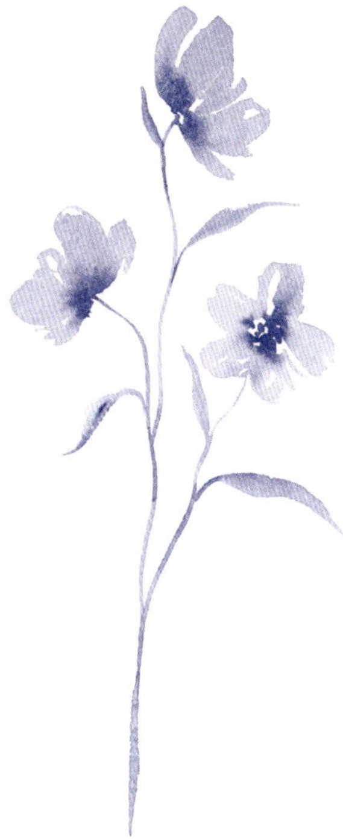

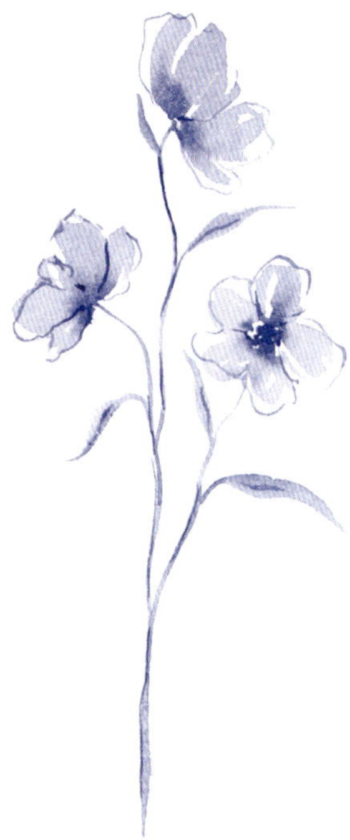

Morgenritual

NIMM DIR, WAS DU BRAUCHST

„Ich gebe meinem Leben jeden Tag noch mehr …“
(setze hier etwas ein, das du gut gebrauchen kannst)

IMPULSE DAFÜR SIND

Fülle • Liebe • Dankbarkeit • Kreativität • Bewusstsein • Freude

KENNST DU DAS?

Das Denken des Mangels. Wir sprechen täglich darüber, was wir alles nicht haben, wovon wir zu wenig besitzen. Dabei gibt es von den wirklich wichtigen Dingen im Leben unendlich viele Ressourcen.

IDEE FÜR DEIN RITUAL

Schließe die Augen und verinnerliche die Affirmation für dich. Sprich sie zuerst laut aus, werde dann immer leiser und denke diesen Satz für dich. Stelle dir dabei vor, wie die Affirmation immer mehr ein Teil von dir wird.

Male dein nächstes Motiv aus diesem Buch und denke dabei immer wieder an deine Affirmation. Nimm diesen Start in den Tag ganz bewusst für dich wahr und beobachte, was es für dich im Inneren verändert.

Motivempfehlung für dieses Ritual: „In Balance" (S. 42)"

Abendritual

INNERE RUHE

„Ich bleibe ganz bei mir und spüre innere Ruhe, die mir Frieden bringt."

KENNST DU DAS?

Ein Auf und Ab der Gefühle und Emotionen. Im Außen und im Innen. Das Außen können wir nicht kontrollieren, doch das Innen obliegt unserer eigenen Entscheidung. Ein erster Gedanke kann hier schon deine Innenwelt verändern.

IDEE FÜR DEIN RITUAL

Schreibe deine Affirmation zehnmal auf ein Blatt Papier. Dabei schreibe den ersten und den letzten Satz mit der linken Hand, wenn du Rechtshänder*in bist, und mit der rechten Hand, wenn du Linkshänder*in bist.

Diese Übung zeigt dir auf, dass du auch herausfordernde Situationen meisterst. Wie mit der anderen Hand einen Satz zu schreiben. Dabei geht es weniger um das Ergebnis, sondern mehr um das Tun. Wie bei unseren Selfcare-Watercolor-Motiven. Der Prozess führt dich zu einem bestimmten Gefühl.

TIPP

Wiederhole Affirmationen, die sich für dich besonders intensiv anfühlen, mehrmals über mehrere Tage. Beobachte aufmerksam, was sich dadurch für dich verändert.

Starte dann ganz in Ruhe mit deinem Wunsch-Aquarellmotiv aus dem Buch.

IN *Balance*

Dieses Motiv zeigt drei unterschiedliche Blüten, die in Bewegung sind. Entscheide für dich, welche du davon wählst, oder male alle drei und finde eine Balance. Erkenne, dass nichts in Konflikt zueinander sein muss und dass es immer eine passende Lösung gibt.

SELFCARE-WATERCOLOR-MOMENT

Einfache Blüten, die faszinierend wirken.

MATERIAL

PAPIER

Stifteliebe Quadratisches Aquarellpapier, 24 × 24 cm

PINSEL

Van Gogh Rundpinsel 191 Gr. 00

Van Gogh Rundpinsel 191 Gr. 8

AQUARELLFARBEN

291 Titanbuff
von Van Gogh

Echtes Apatitgrün
von Daniel Smith

Imperial Purpur
von Daniel Smith

Opernrosa
von Daniel Smith

Aussie Rotgold
von Daniel Smith

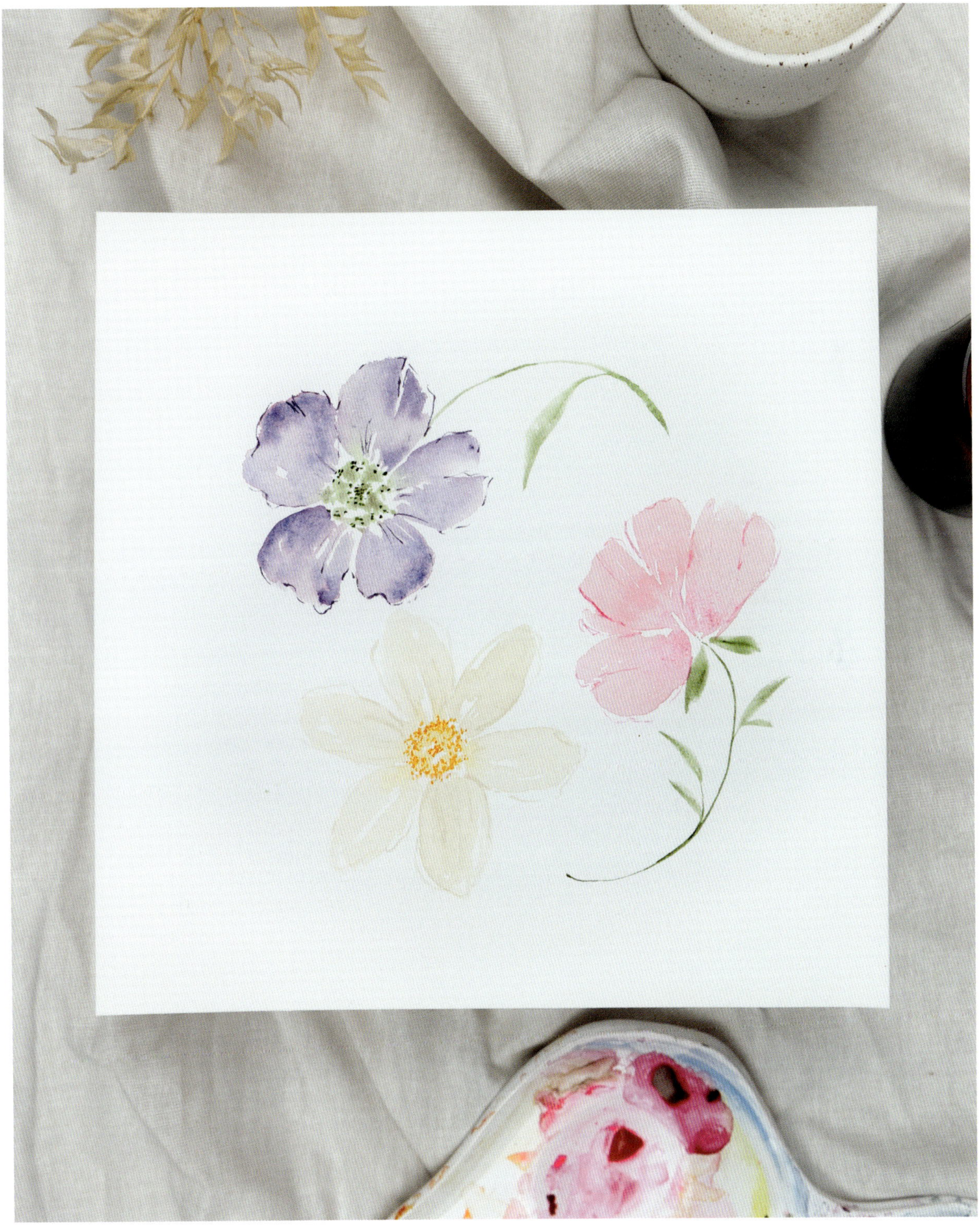

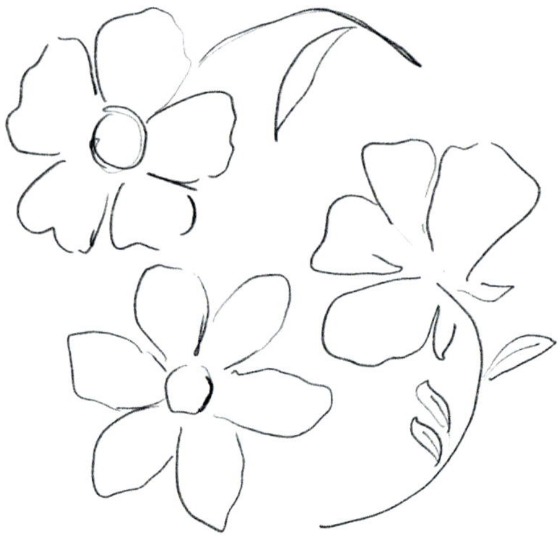

So geht's

1. Starte gegebenenfalls mit einer Skizze, wenn du vorab festlegen möchtest, wie die Blumen angeordnet werden sollen.

2. Male die erste Lage der Blüten mit einfachen Formen in der Nass-auf-Trocken-Technik und mit einem Rundpinsel in Größe 8. Erinnere dich an die Pinselübungen von Seite 27: Tupfen und einfache Blütenblätter setzen. Die Farben für die Blüten kannst du intuitiv wählen, ich habe mich für Opernrosa, ein hell angemischtes Titanbuff und Imperial Purpur entschieden.
   Tupfe für mehr Farbtiefe immer wieder am Blütenrand mit intensiver Farbe nach. Achte dabei darauf, dass transparente Verläufe bestehen bleiben und du beim Farbauftrag nicht flächendeckend malst, sondern feine Weißräume lässt. Das können kleine Abstände zum nächsten Blütenblatt sein oder unbemalte Stellen innerhalb deines Blütenblatts.
   Füge danach Blütenstempel mit einem wässrigen Grün beziehungsweise Gelb bei den zwei von oben abgebildeten Blüten hinzu.

TIPP

Erkenne hier, wo Weißräume sind und wie die Illustration dadurch mehr Leichtigkeit bekommt. Farben dürfen ineinander verlaufen und dich im Ergebnis überraschen.

TIPP

Wenn dir das Opernrosa zu leuchtend ist, kannst du es mit etwas Titanbuff mischen.

3. Füge Stängel und grüne Blätter hinzu und traue dich hier ruhig, den Stängel in das noch feuchte Blütenblatt fließen zu lassen. Tupfe bei den Blütenstempeln der lila- und der weißfarbenen Blume mit stark pigmentierter Farbe nach. Nimm dazu dieselbe Farbe, mit der du bereits den Blütenstempel zu malen begonnen hast, jedoch mit weniger Wasser.

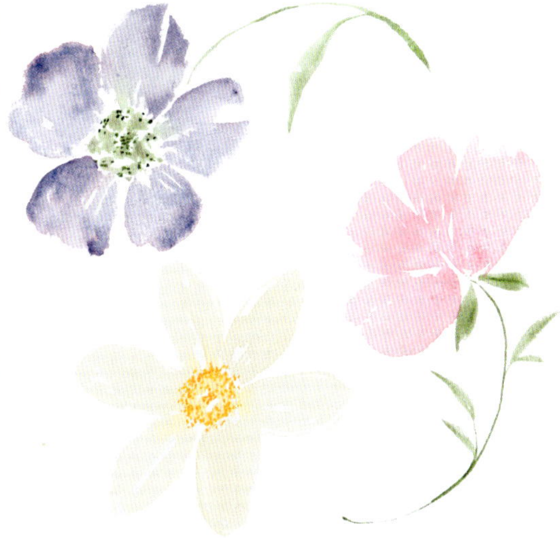

TIPP

Setze die Stiele und Blätter gern schwungvoll, gib deinem Motiv so noch eine runde Form.

4. Nun beginnt die Feinarbeit, um etwas Tiefe zu schaffen. Hier greife ich gern zu einem kleinen Rundpinsel in Größe 00 und halte ihn beim Ziehen der Linien senkrecht. Zeichne mit dem Pinsel feine Outlines, die auch mal aus dem Blütenblatt rausgehen. Beginne etwas zurückhaltender und verteilt am Bild. Du kannst nach und nach noch mehr Linien und Details setzen. Verleihe deinem Bild damit etwas Schwung.

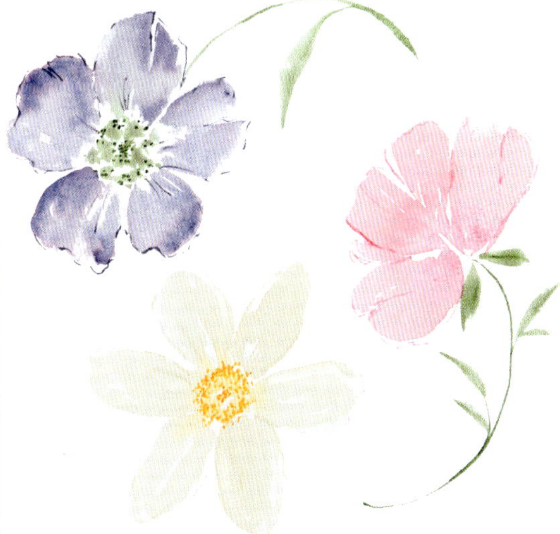

TIPP

Vergleiche Schritt 3 mit Schritt 4. Kleine Details können eine große Wirkung auf uns haben.

Morgenritual

LASS DICH ÜBERRASCHEN

„Ich bin dankbar und für jede gute Überraschung offen, die heute auf mich wartet."

ZIEL DES RITUALS

Nehmen wir unsere Gedanken bewusst wahr, dann stellen wir häufig fest: Wir haben viele negative Gedanken. Es fühlt sich herausfordernd an, diese sofort umzuwandeln. Starte als Zwischenschritt mit Dankbarkeit und Offenheit dem Tag gegenüber. Lass dich auch vom Guten im Leben überraschen.

IDEE FÜR DEIN RITUAL

Setze dich und schaue dich um. Siehe dir an, wo du bist. Nimm wahr, was du alles hast. Egal, ob der Raum, in dem du dich gerade befindest, aufgeräumt ist oder nicht. Erkenne, was du hast. Mauern, die dich schützen, Licht, das du anmachst, wenn es dunkel wird. Betrachte den Raum, in dem du dich entfalten kannst. Spüre die Dankbarkeit dafür.

Blicke dem Tag offen entgegen und freue dich auf das, was er dir bringen wird. Dazu musst du noch nicht wissen, was es sein kann. Halte dieses Gefühl für ein paar Augenblicke aufrecht.

Wähle intuitiv ein Bild aus dem Buch und male es.
Lass dich dabei von neuen Farbverläufen überraschen.

Abendritual

WÄRMENDER SCHUTZ

„Ich erlaube mir, mich sicher zu fühlen. Ich bin mein Zuhause."

ZIEL DES RITUALS

Wenn viele Ereignisse während des Tages passieren, wir viele Menschen treffen und stark im Tun sind, kann es schwerfallen, wieder innere Ruhe zu finden. Nutze dieses Ritual, wenn es dir heute so geht.

IDEE FÜR DEIN RITUAL

Zünde eine Kerze an und setze dich im Schneidersitz ganz aufrecht hin. Achte auf einen geraden Rücken. Die Haltung kann, wie bei der Pinselhaltung, eine gute Unterstützung für dein Ergebnis sein. Halte dann deine Handflächen so über die Kerze, dass du die leichte Wärme der Flamme wahrnimmst.

Nimm die Hände nach kurzer Zeit von der Flamme weg. Lege sie mit der Handfläche nach oben auf deine Beine und schließe deine Augen.

Stelle dir nun vor, wie diese Wärme, die du gespürt hast, wie ein Bogen von der einen Handfläche zur anderen strahlt. Spüre, wie du diese Wärme als sichere Abgrenzung von negativen Gefühlen aufbaust, und fokussiere dich dabei auf einen sehr guten Gedanken. Vielleicht eine schöne Situation, die du kürzlich erlebt hast.

Diese Übung kannst du für eine Minute oder gern länger vollziehen. Sie schenkt dir ein Gefühl von Sicherheit, womit du deinen Tag gut abschließen kannst.

Male nach dieser Übung ein Bild aus dem Buch und nimm wahr, wie wichtig dein inneres Gefühl für einen achtsamen Malprozess sein kann.

ENTSPANNUNGS-*Flow*

Einfache Motive können einen wahren Zauber innehaben. Von Grundübungen zu einem Flow-Zustand. So kannst du mit Blättern und Zweigen nicht nur wunderschöne Muster entstehen lassen, sondern ganz und gar mit den Grundformen entspannen und dich auf den Flow des Malens einlassen. Es gibt unzählige Blätter, die du aquarellieren kannst. Im Grunde finden sich sehr viele Blattformen irgendwo zwischen bauchig und rund bis länglich und spitz. Diese beiden Varianten werden wir Schritt für Schritt umsetzen. Du kannst sie beliebig anpassen, um weitere schöne Blätter zu entwerfen.

SELFCARE-WATERCOLOR-MOMENT

Flow-Zustand durch Aufwärmübungen, die in eine Illustration münden.

MATERIAL

PAPIER

Hahnemühle Expression Matt, 24 × 30 cm

PINSEL

Van Gogh Rundpinsel 191 Gr. 00

Van Gogh Rundpinsel 191 Gr. 8

AQUARELLFARBEN

Echtes Apatitgrün von Daniel Smith

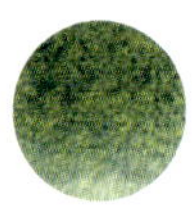

Seegrün von Daniel Smith

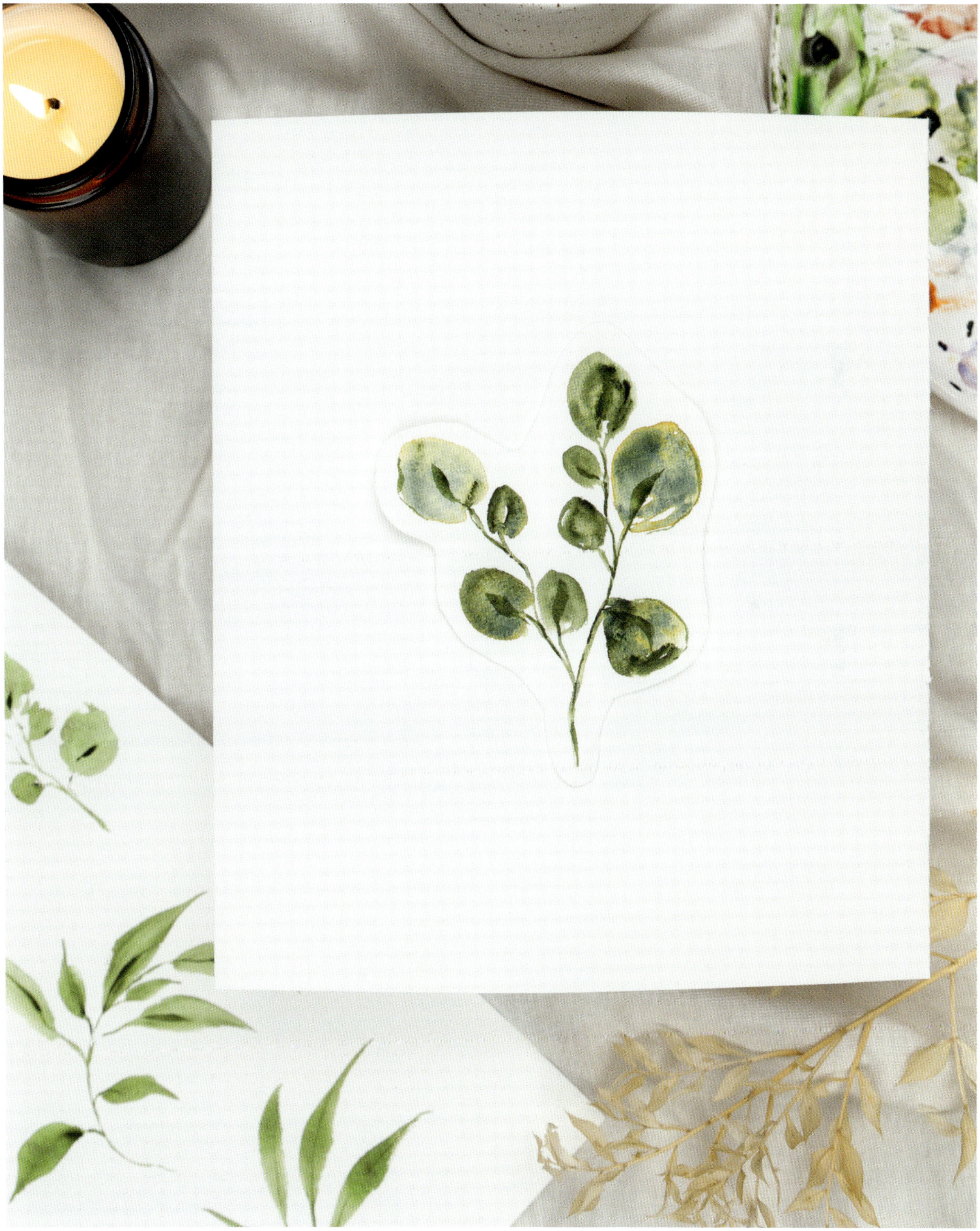

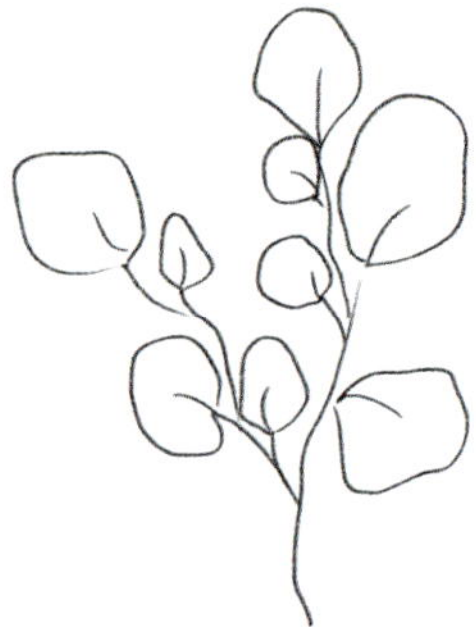

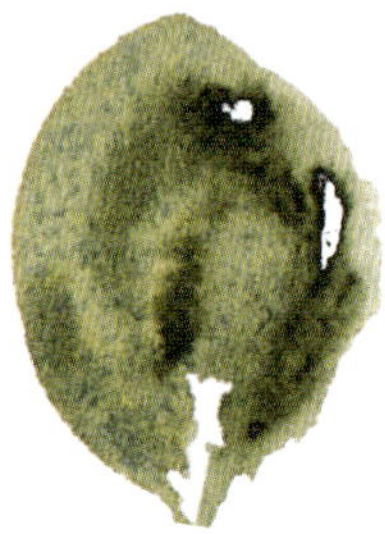

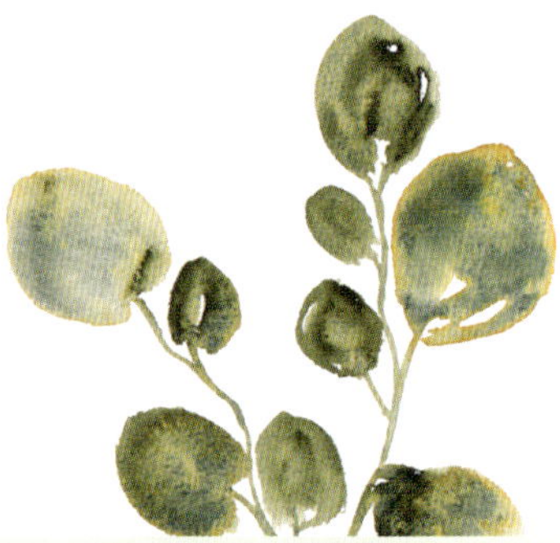

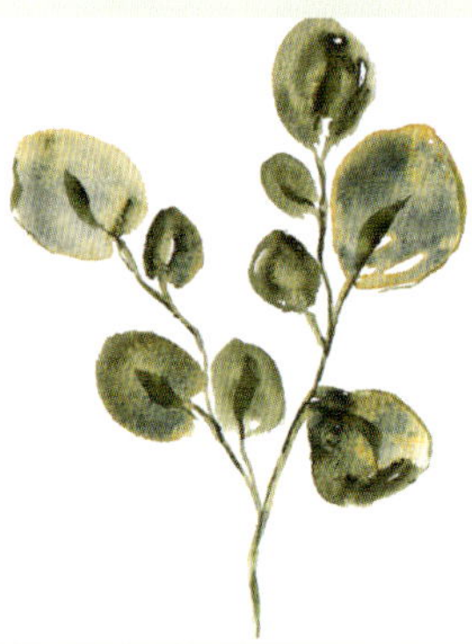

So geht's

RUNDE BLÄTTER

1. Fange optional mit einer Skizze anhand von Grundformen an.

2. Wähle ein Grün und male mit deinem Rundpinsel in Größe 8 eine runde Form. Achte dabei darauf, dass diese nicht perfekt rund ist. Du kannst hier auch gern etwas Weißraum lassen.

3. Male weitere runde Formen in unterschiedlichen Größen und ziehe von unten nach oben einen Stiel, der mit feinen Zweigen zu den einzelnen Blättern führt. Du kannst auch immer noch mehr Blätter hinzufügen oder weitere Verzweigungen setzen. Hier lasse ich das Bild gern intuitiv entstehen und übe so auch, das zuzulassen, was auf dem Papier passiert.

4. Kleine Details dürfen am Ende noch mit dem Rundpinsel in Größe 00 hinzugefügt werden. Dazu spiele ich gern mit etwas Druck am Pinsel und halte ihn durchgehend im 90-Grad-Winkel zum Papier.

SPITZE BLÄTTER

1. Fange optional mit einer Skizze anhand von Grundformen an.

2. Bei spitzen Blättern beginne ich mit einem feinen Stiel und male am Ende, im selben Pinselstrich, das spitze Blatt. Erinnere dich an die Pinselübung im Grundlagenteil auf Seite 25: Pinselspitze – Druck – Pinselspitze. Kurz vor dem Absetzen an der Blattspitze kannst du den Pinsel in der Bewegung erst drehen und dann absetzen. Das verleiht deiner Blattform einen sehr schönen Schwung.

3. Setze nun links und rechts deines Zweiges weitere Blätter. Es steht dir völlig frei, ob du diese parallel, unregelmäßig, kurz oder lang ziehst. Probiere dich hier einfach etwas aus. Die Blattformen sehen je nach Pinselgröße und Pinselart anders aus.

4. Wie bei den runden Blättern kannst du mit dem Rundpinsel in Größe 00 die Blattspitzen oder Zweige hervorheben, indem du diese behutsam nachziehst, oder du setzt feine Linien in das Blatt, ähnlich wie Blattadern.

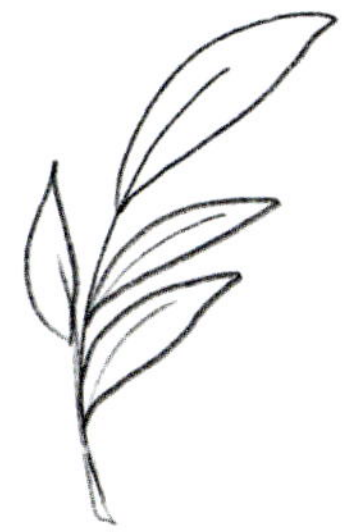

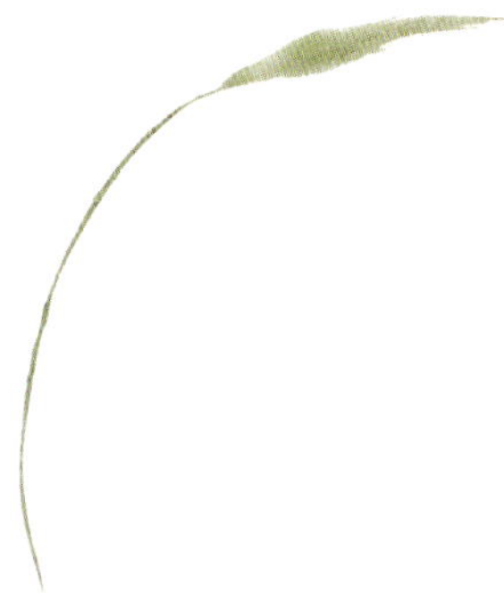

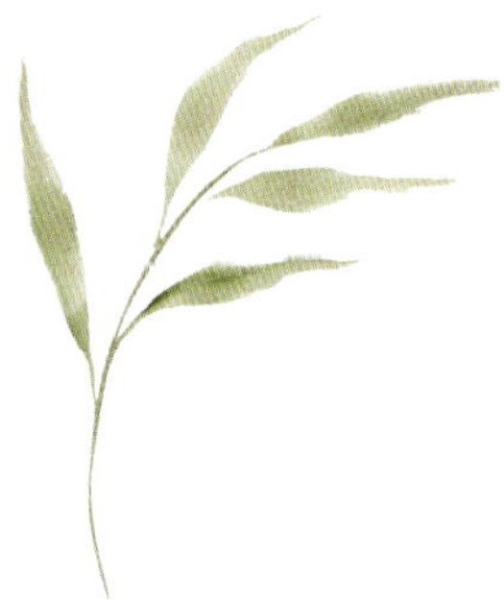

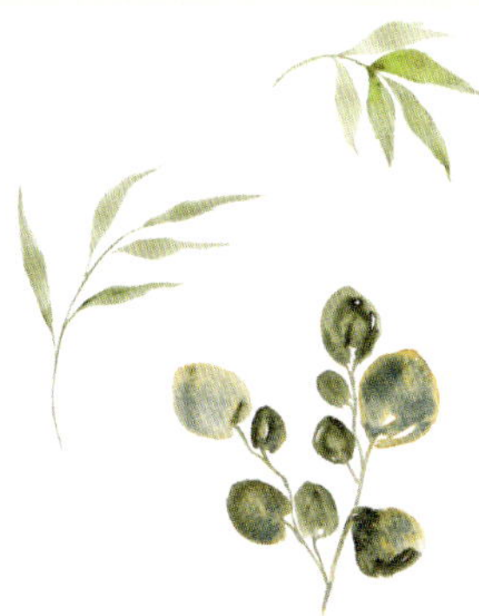

Morgenritual

CREATE BEFORE CONSUMING

„Jeden Tag aufs Neue komme ich zuerst bei mir selbst an."

KENNST DU DAS?

Du wirst wach und greifst schon zum Handy. Wahrscheinlich denkst du: „Ich checke nur schnell, ob ich eine wichtige Mail erhalten habe, und gucke ein paar Storys auf Social Media, denn ich möchte noch nicht aufstehen." Hand aufs Herz: Das ist kein guter Start in den Tag!

IDEE FÜR DEIN RITUAL

Wie wäre es, wenn wir uns, statt zu konsumieren, bevor wir einen Fuß in den neuen Tag gesetzt haben, zuerst uns selbst widmen und etwas kreieren? Ohne negative Nachrichten, Stressgefühle oder sonstige Einflüsse, die beim Aufstehen nicht da sein müssen.

Kreieren ist so viel schöner als konsumieren.

Lass dein Handy im Flugmodus, selbst wenn du wegen des Weckers nicht ganz darauf verzichten kannst. Beginne deinen Tag für mindestens 30 Minuten handyfrei und widme dich dem Kreieren deines Heißgetränks, dem Auswählen deiner Kleidung für den neuen Tag und setze dich mit diesem Buch an deinen Malplatz. Schlage willkürlich eine Seite auf und kreiere ein Motiv für deinen Selfcare-Moment.

Abendritual

AUF WOLKE SIEBEN

„Ich darf jeden Tag zu mir stehen, egal, was gestern war, denn es gibt auch ein Morgen."

KENNST DU DAS?

Du machst dich fertig, um zu Bett zu gehen, und es kommen viele Gedanken des Tages hoch. Du fragst dich vielleicht: Habe ich alles richtig gemacht? Hätte ich anders reagieren können? Schwere Fragen, die uns in eine Richtung treiben, die wir nicht wollen. Lass uns davon weggehen und neue, gute Gedanken und Rituale formen.

IDEE FÜR DEIN RITUAL

Lege dir Fotos von wunderschönen Erinnerungen bereit. Bilder, die du gemalt hast und die dir ein gutes Gefühl schenken, oder nimm dir dein Vision-Board zur Hand, wenn du eines hast.

Lenke deine Gedanken auf etwas, das dir Fülle schenkt, dein Herz lachen lässt, und lass dich davon auf Wolke sieben tragen. Du wirst wie von selbst in eine völlig andere Richtung mit deinen Gedanken steuern.

Was meinst du, wie lässt es sich zu Bett gehen, wenn sich dein Gefühl nach „verliebt in das Leben" anfühlt?

Dieses Gefühl kann ein wunderbarer Begleiter für eine Selfcare-Watercolor-Session sein.

Wähle dafür ein Motiv aus dem Buch.

MAL-meditation

Das ständige Wiederholen einer Sache macht uns nicht nur besser, wir können auf diese Weise auch einfacher loslassen und entspannen. Hierbei denke ich immer daran, wie eine Yogalehrerin mal 60 Minuten lang ausschließlich eine Übung wiederholte. Man fühlte sich wie in Trance. Dieses Motiv überrascht durch das Ergebnis, obwohl du hauptsächlich immer wieder zwei Vorgänge wiederholst: Blütenblätter malen und tupfen.

SELFCARE-WATERCOLOR-MOMENT

Meditativer Zustand durch eine wiederkehrende Maltechnik.

MATERIAL

PAPIER

Stifteliebe Quadratisches Aquarellpapier, 24 × 24 cm

PINSEL

Van Gogh Rundpinsel 191 Gr. 00

Van Gogh Rundpinsel 191 Gr. 8

AQUARELLFARBEN

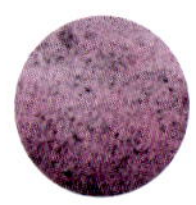

373 Dämmerung Rosa von Van Gogh

339 Englischrot von Van Gogh

291 Titanbuff von Van Gogh

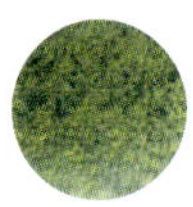

Seegrün von Daniel Smith

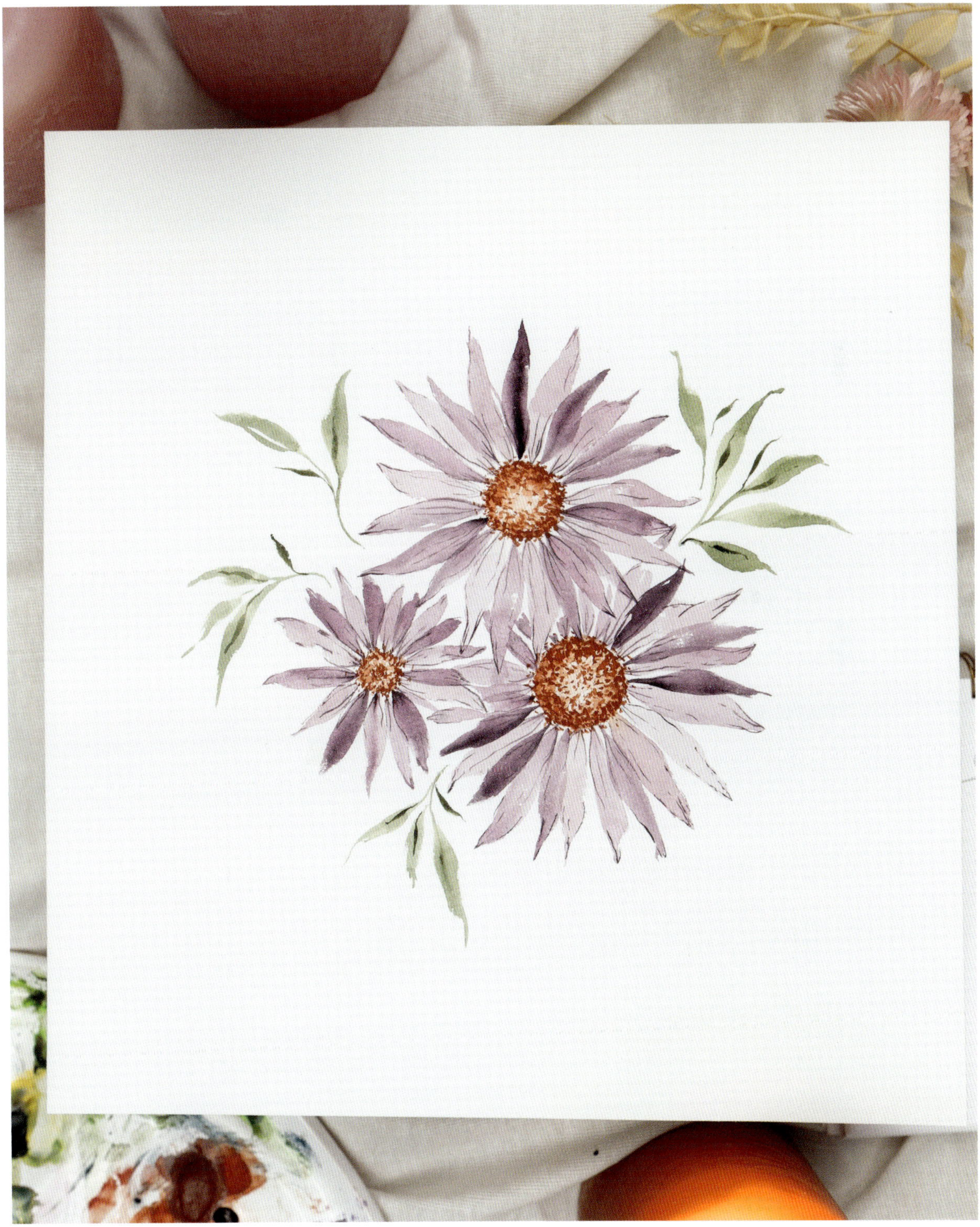

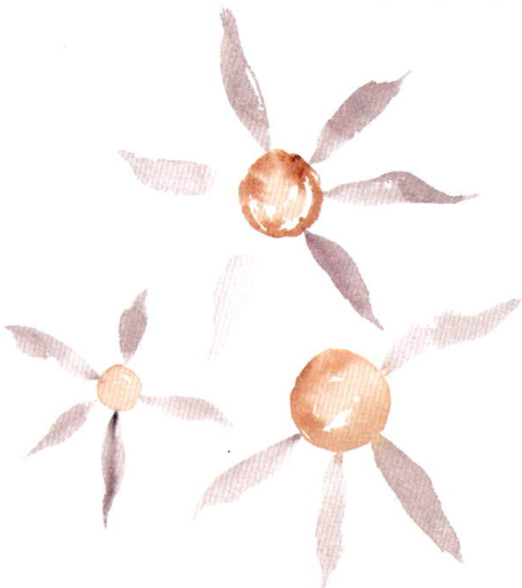

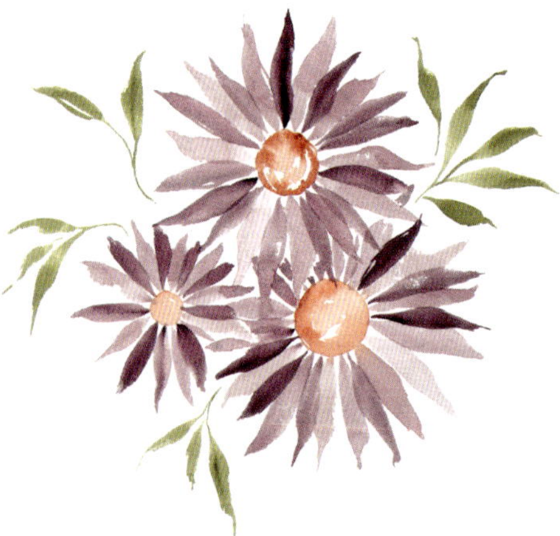

So geht's

1. Starte, wenn du möchtest, mit einer groben Skizze.

2. Bereite dir deine Farben gut vor. Helle zum einen Englischrot mit Wasser auf und mische dir zum anderen zwei Varianten des Lilatons an. Helle dazu einmal die Farbe Dämmerung Rosa mit Wasser auf und füge für eine zweite Variante der Farbe etwas Titanbuff hinzu.
Male nun drei unterschiedlich große Kreise und fülle sie mit dem wässrigen Englischrot nahezu aus. Tupfe am Rand etwas Farbe für mehr Farbtiefe nach und setze um deine runden Formen die ersten Blütenblätter mit wässrigem Dämmerung Rosa.

TIPP

Achte in der Blütenmitte auf etwas Weißraum.

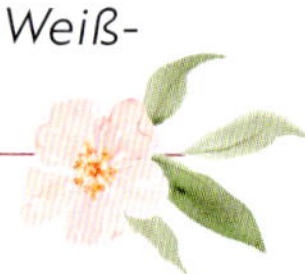

3. Setze rund um den Blütenstempel die restlichen Blütenblätter. Achte darauf, dass du eine gewisse Farbvarianz hast. Wechsle zwischen dem aufgehellten Dämmerung Rosa und dem gemixten Farbton, so wirkt deine Blüte noch interessanter. Lass Blütenblätter immer zuerst trocknen, bevor du eine weitere dransetzt. Verläuft hier zu viel in sich, wirkt dieses Motiv sehr schnell wie ein großer Farbklecks. Wenn du die Blütenblätter erkennbar halten möchtest, dann arbeite nass auf trocken. Füge zum Schluss grünes Blattwerk hinzu.

4. Tupfe mit dem Rundpinsel in Größe 00 Farbe in den Blütenstempel. Dazu kannst du dein Englischrot ein bisschen intensiver mischen. Nimm dafür weniger Wasser als beim ersten Farbauftrag und setze von außen nach innen große Tupfer. Halte den Mittelpunkt frei, dieser soll weiterhin hell erscheinen.
Danach fügst du den Blütenblättern erste Details hinzu und ziehst von innen nach außen sehr feine Linien mit dem Rundpinsel in Größe 00 und intensivem Dämmerung Rosa.

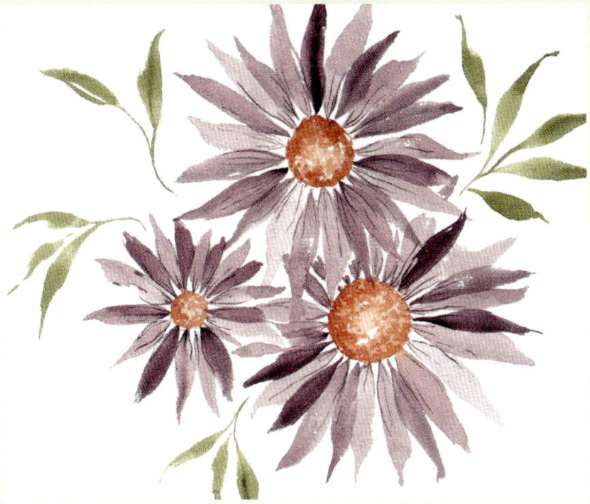

5. Ist alles vollständig getrocknet, so geht es an den dritten Farbauftrag deines Blütenstempels. Du wirst sehen, wie viel Tiefe du dadurch erlangst. Bereite dir das Englischrot vor und mische es so an, dass es sehr intensiv erscheint. Es soll sich vom bisherigen Farbton noch mal abheben. Greife zu einem kleinen Pinsel und tupfe feine Punkte von außen nach innen. Mache es wie zuvor, doch halte die Tupfer sehr fein und noch etwas unregelmäßiger. Tupfe die Punkte auch etwas aus der Form heraus und beobachte, wie viel es für dich braucht.
Arbeite anschließend mit dem kleinen Pinsel deine Blütenblätter und das Blattgrün noch etwas heraus. Du kannst die Blattspitzen nachziehen oder ein paar weitere Linien im Blatt setzen. Achte hier auch auf den Farbkontrast zwischen Erstauftrag und Details. Für einen guten Kontrast dürfen sich die Farbabstufungen gut voneinander abheben.

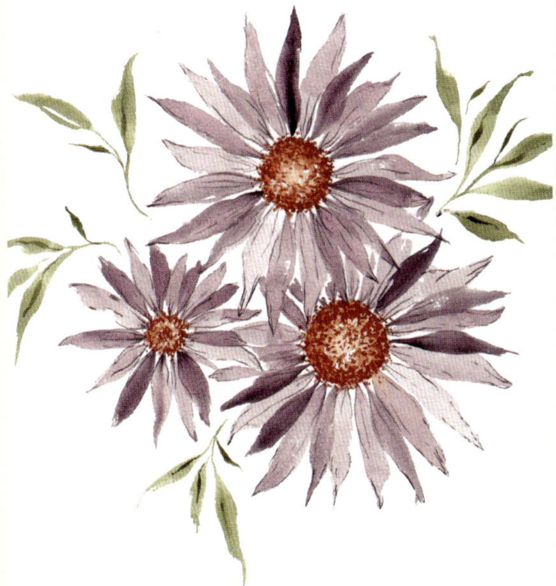

Morgenritual

FIRST THINGS FIRST

„Ich bin ein Geschenk für diese Welt."

KENNST DU DAS?

Du träumst von den kleinen Aufmerksamkeiten im Alltag und schönen Gesten an dich. Eine Wertschätzung für dein Tun und Dasein. Wie wäre es, wenn wir weniger erwarten und dafür selbst für uns losgehen?

IDEE FÜR DEIN RITUAL

Besuche als erste Besorgung des Tages einen Blumenladen, der eine schöne Auswahl an Schnittblumen hat. Schaue dich um, beobachte und lass dich von all den Formen und Farben inspirieren. Stelle dir deinen Blumenstrauß selbst zusammen und beschenke dich damit. Lass dich zu Hause vom Duft der Blumen daran erinnern, wie wichtig und richtig es ist, sich selbst etwas Gutes zu tun.

Dein Strauß kann eine Inspiration für deine nächste kreative Auszeit im Alltag sein.

Abendritual

BLICK IN DEN SPIEGEL

„So wie ich bin, bin ich gut."

KENNST DU DAS?

Das hätte ich besser und schneller machen können. Zu viel von dem und zu wenig hiervon ... Man ist mit sich selbst oft sehr streng und kritisch. Was wäre, wenn du dich selbst annimmst und denkst, dass du so, wie du bist, gut bist?

IDEE FÜR DEIN RITUAL

Wenn du einen wunderschönen Strauß Blumen vor dir hast, bewundere die Farben, die Formen, die Details und all das Schöne an ihm. Stelle dich vor den Spiegel und sieh dich als eine dieser Blumen. Beginne darüber zu schwärmen, wie du bist und wie du aussiehst. Erkenne, wie bei deinen Blumen, all die Schönheit, die sich vor dir im Spiegelbild präsentiert.

Traue dich, dieses Ritual in deinem Alltag zu etablieren, und verändere damit deine Wahrheit über dich selbst.

UNPERFEKT *perfekt*

Wir brauchen nicht immer alles sofort haben und wissen, um Glück spüren zu können. So ist es auch mit Designs. Eine Form muss nicht zwingend vollständig abgebildet sein, um zu erkennen, worum es geht. Tauche in eine unperfekt perfekte Welt ein.

SELFCARE-WATERCOLOR-MOMENT

Das Vollkommene im Unperfekten erkennen und annehmen.

MATERIAL

PAPIER

Hahnemühle Expression Matt, 24 × 30 cm

PINSEL

Van Gogh Rundpinsel 191 Gr. 00

DaVinci Casaneo Verwaschpinsel Gr. 0

AQUARELLFARBEN

Aussie Rotgold von Daniel Smith

Mondblau von Daniel Smith

Seegrün von Daniel Smith

Opernrosa von Daniel Smith

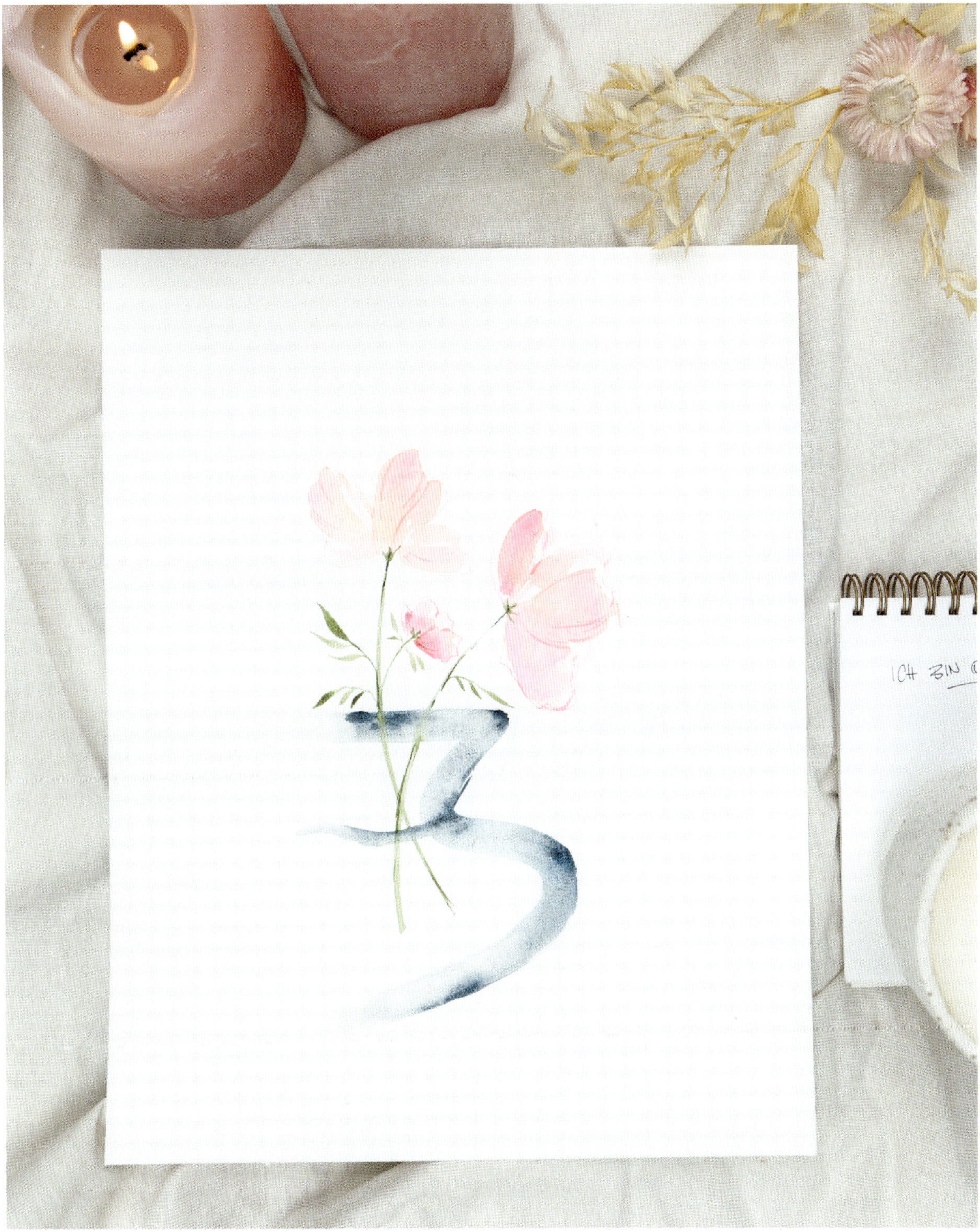
ICH BIN

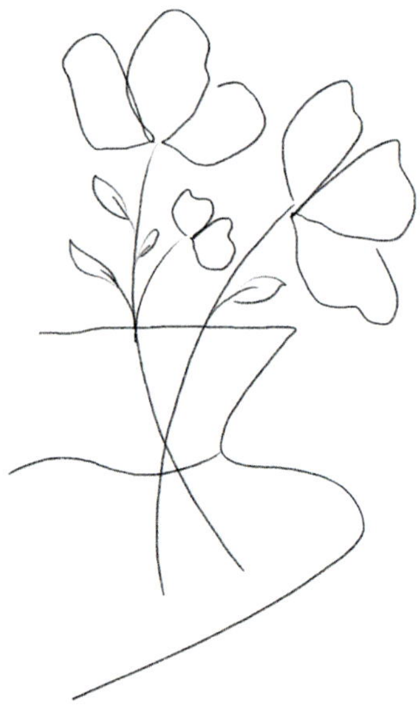

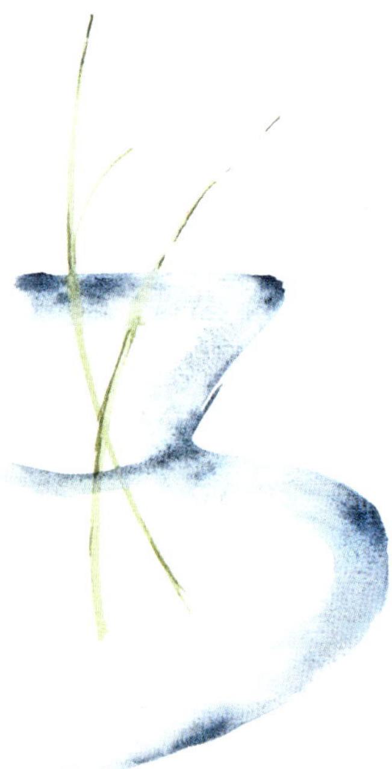

So geht's

1. Zur Vereinfachung des Malprozesses kannst du mit einer Skizze anhand von Grundformen starten.

2. Male mit dem Verwaschpinsel die Grundform der Vase. Achte darauf, dass du hier nur mit reinem Wasser oder einem sehr transparenten Blau die Linie gleichmäßig ziehst. Tupfe anschließend mit Mondblau, wenig verdünnt, in den nassen Bereich und beobachte den Farbverlauf.
Ziehe am Hals der Vase eine feine, wellenförmige Linie mit der Pinselspitze. Wasche danach den Pinsel in Wasser aus und setze mit Grün zwei leicht geschwungene Blumenstängel in die Vase. Achte auf unterschiedliche Höhen und lass sie leicht kreuzen. Die Pigmente von Grün und Blau dürfen ruhig ineinanderlaufen.

TIPP

Bleibe auch im Malprozess immer bei dir und achte auf deinen Fortschritt. Bei Selfcare-Watercolor geht es nicht darum, ein perfektes Bild zu gestalten, sondern vielmehr darum, ein Gefühl von Achtsamkeit und Wohlbefinden aufzubauen.

3. Mische nun mit dem Verwaschpinsel das Opernrosa mit etwas Aussie Rotgold an. Diesen Farbmix verwende ich gern bei floralen Elementen. Aquarelliere mit einfachen Pinselbewegungen je Blüte drei Blütenblätter, die am Stielende zusammengeführt werden. Halte dich hier wieder an die Tipps aus dem Grundlagenteil. Platziere eine dritte, kleinere Blüte zwischen den zwei großen Blüten. Solltest du dazwischen keinen Platz mehr auf dem Papier haben, kannst du deine dritte Blüte beliebig platzieren.

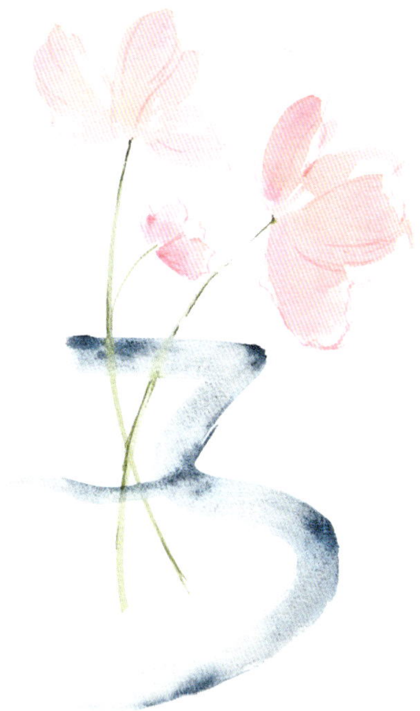

TIPP

Drehe dein Papier am Tisch, anstatt deine Hand in eine angestrengte und unnatürliche Position zu bringen. So kannst du mit mehr Leichtigkeit in alle Richtungen Formen malen.

4. Es bietet sich bei einem sehr einfach gehaltenen Motiv wie diesem sehr gut an, mit den Details etwas weiterzugehen. Bereite dir den Farbton Opernrosa vor und tauche einen Rundpinsel in Größe 00 großzügig ein. Streife überschüssige Farbe sanft ab und zeichne mit dem Pinsel hauchzarte Outlines. Das bedeutet, du betonst die Formen der Blütenblätter mit einer weiteren Linie. Dabei malst du bewusst etwas neben der eigentlichen Form. Ich halte dazu den Pinsel im 90-Grad-Winkel zum Papier. Stellenweise verliere ich dabei den Papierkontakt mit dem Pinsel und die Linie wird unterbrochen. Dies ist ein schöner Effekt, der weich und zart wirkt.
Ziehe an den Kanten der Blütenblätter weitere feine Linien und stelle so Blütenfalten oder Blattadern dar. An den Stielen malst du mit dem Grünton filigrane Blütenblätter durch ein Wechselspiel von Pinselspitze-Druck-Pinselspitze.

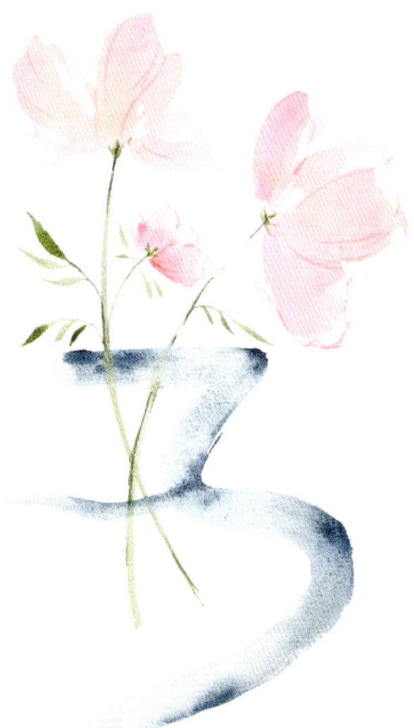

Morgenritual

ACHTSAME BEGEGNUNG

„Ich erkenne all das Schöne um mich herum."

KENNST DU DAS?

Wenn sich von irgendwo ein Gefühl zeigt, das eine Art Frust hervorhebt, liegt immer irgendetwas dahinter. Doch wir wollen heute nicht danach graben und das Gefühl analysieren, sondern stattdessen den Fokus darauf legen, was wir bereits um uns haben.

IDEE FÜR DEIN RITUAL

Mache dir ganz getreu dem Motto „create before consuming" dein morgendliches Heißgetränk und besuche deine Pflanzen, die du zu Hause hast. Betrachte sie ganz achtsam und erkenne all die Besonderheiten, die sich zeigen.

Ich nutze solche Momente gern, um bei mir selbst anzukommen. Sobald man den Fokus der Gedanken einfach umlenkt, bewegt man auch ein neues Gefühl im Inneren.

Oftmals bin ich selbst über neue Triebe und Blätter überrascht und ich hole mir daraus Inspirationen für ein Selfcare-Watercolor-Motiv.

Abendritual

PLANE EIN DATE MIT DIR SELBST

„Ich folge jeden Tag aufs Neue meiner Freude."

KENNST DU DAS?

Man geht die Woche im Kopf durch und wird von Terminen und wichtigen Erledigungen überrollt. Sofort kommt ein sehr ungesunder Gedanke für die eigene Me-Time: „Ich habe keine Zeit." Siehe deine achtsamen Momente, deine Auszeiten, als wichtig an. Auch dafür darf Zeit reserviert werden.

IDEE FÜR DEIN RITUAL

Nimm deinen Kalender zur Hand und gehe deine nächsten Wochen durch. Bestimmt gibt es mindestens einen Tag in der Woche, an dem du einen freien Abend hast. Trage dir deine kreative Me-Time ein und blocke ein Zeitfenster, das ganz und gar dir gehört. Gib der Zeit, die du dir selbst schenkst, einen Platz im Kalender und halte dich daran, so wie du es auch bei anderen Terminen tust. Diese Abende mit dir selbst sind wichtig für dein Wohlbefinden. Erlaube dir, deiner Freude zu folgen.

SOMMER-
gefühl

Der Sonnenhut ist ein Gefühl von warmen Sommertagen, die man auf der Haut spürt. Große Blütenköpfe, die zum Himmel ragen. Davon darf es zu jeder Jahreszeit auch auf dem Papier Inspirationen geben, die zum Träumen einladen.

SELFCARE-WATERCOLOR-MOMENT

Tiefe auf dem flachen Papier erzeugen.

MATERIAL

PAPIER

Hahnemühle Expression Matt, 24 × 30 cm

PINSEL

Van Gogh Rundpinsel 191 Gr. 00

Van Gogh Rundpinsel 191 Gr. 8

AQUARELLFARBEN

227 Gelber Ocker von Van Gogh

339 Englischrot von Van Gogh

Quinacridon Magenta von Daniel Smith

Echtes Apatitgrün von Daniel Smith

Optional: 416 Sepia von Van Gogh

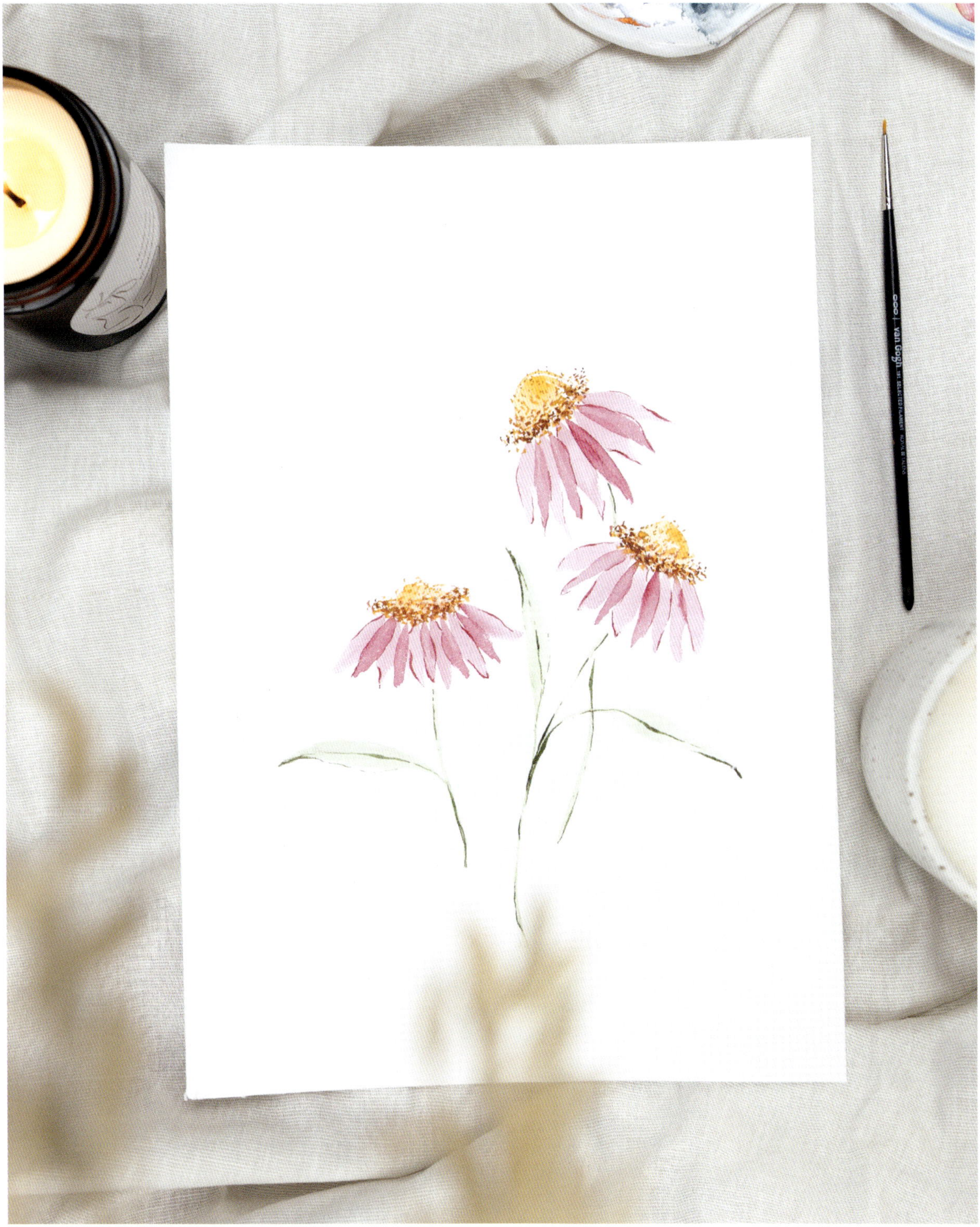

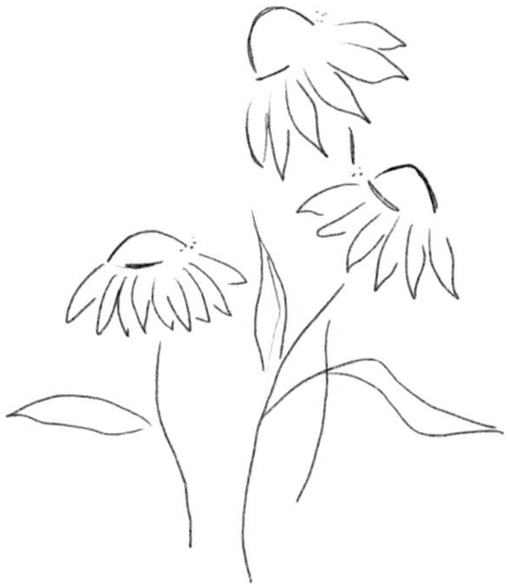

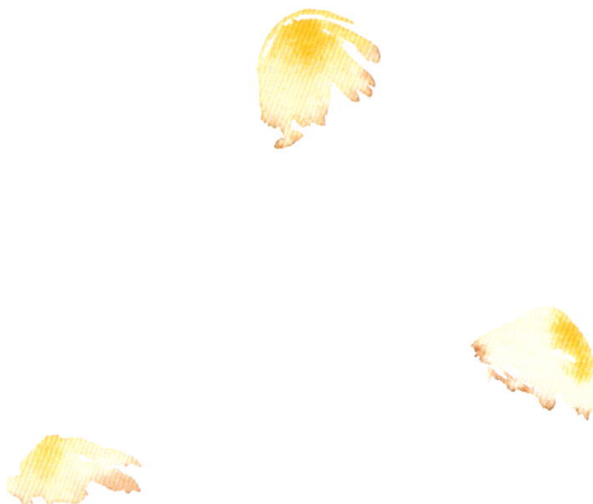

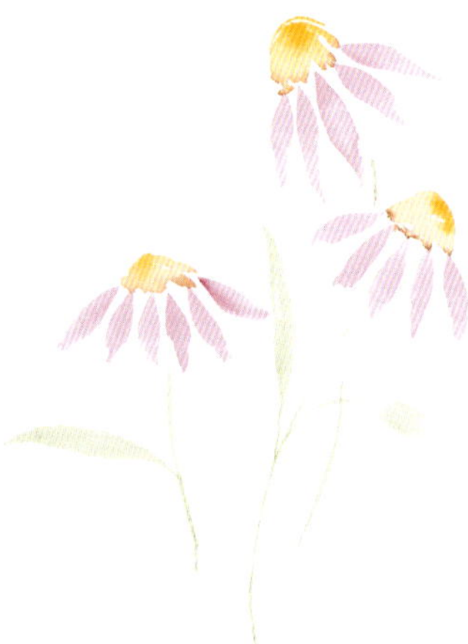

So geht's

1. Beginne optional mit einer Skizze anhand von Grundformen.

2. Male mit einem Rundpinsel in Größe 8 drei Halbkreise als Blütenstempel in der Farbe Gelber Ocker. Achte darauf, dass der Farbton transparent mit Wasser aufgehellt wurde, und tupfe mit Englischrot am unteren Ende Farbe nach. So entsteht eine schöne Basis für die nächsten Schritte. Lass die Blütenstempel sich in unterschiedliche Richtungen neigen und achte darauf, dass sie sich auch in Größe und Form etwas unterscheiden.

TIPP

Wenn das Wasser bei sehr kleinen Formen etwas auf dem Papier steht, kannst du auch mit einem sauberen und fast trockenen Pinsel in die Farbfläche gehen und so den Wasserüberschuss abnehmen.

3. Als Nächstes mischst du dein Magenta an. Aquarelliere die Blütenblätter versetzt und in unterschiedlichen Aufhellungsstufen. Male zuerst jedes zweite Blütenblatt und lass sie trocknen.
Ziehe die Stängel mit einem hellen Grünton und einem sehr feinen Rundpinsel in Größe 00 geschwungen nach unten und setze versetzt, und wo es gut reinpasst, die grünen Blätter.

TIPP

Es wurde hier trocken auf nass gearbeitet. Bei Bedarf kannst du im noch feuchten Zustand Pigmente nachtupfen, wenn du Verläufe wünschst.

4. Ergänze weitere Blütenblätter und arbeite die Details aus. Tupfe für den Blütenstempel mit einem kleinen Rundpinsel und den Farben Gelber Ocker und danach mit Englischrot kleine Punkte von unten nach oben. Werde mit den Abständen der Tupfer nach oben hin immer großzügiger und setze einige der Punkte auch ganz bewusst außerhalb der Kuppe. So werden Tiefe und Leichtigkeit im Motiv geschaffen. Du kannst mit der Tupftechnik ganz frei experimentieren und wenige Tupfen oder ganz viele auf dein Papier bringen.

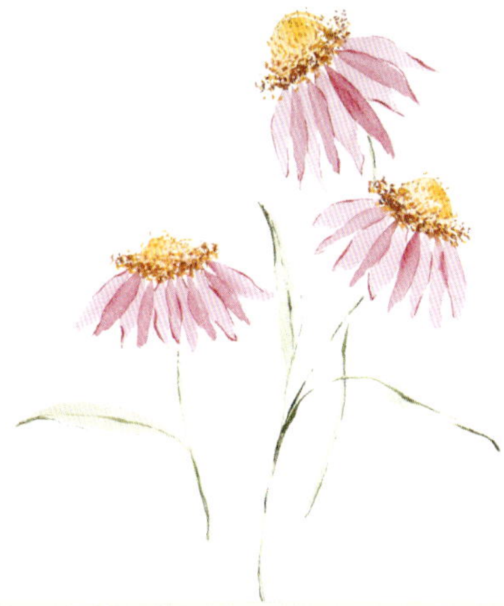

TIPP

Achte darauf, dass die Tupfer nicht zu nass sind, ansonsten verlaufen sie sehr stark ineinander und man erkennt ihre ursprüngliche Form nicht mehr.

5. An sich ist dein Motiv jetzt abgeschlossen, aber wenn du möchtest, kannst du dein Bild weiter ausbauen, indem du intensiver mit Details spielst oder weitere Blüten malst. Ich habe weitere Tupfer im Blütenstempel mit der Farbe Sepia gemalt, so entsteht ein Kontrast zur Farbe Gelber Ocker. Durch die unterschiedlichen Größen und die verschiedenen Neigungen der Blüten bekommt das Bild eine sehr schöne Tiefe. Sei dir bewusst, dass solche Erweiterungen ein wunderschöner Prozess sein dürfen und du dir dafür so viel Zeit nehmen kannst, wie du möchtest.

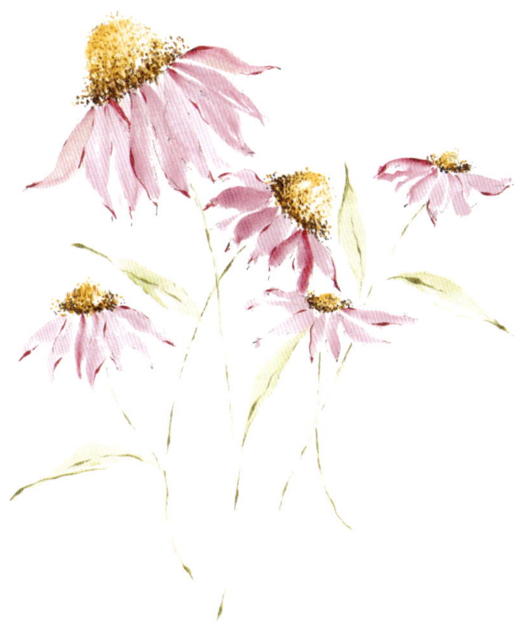

TIPP

Bei Watercolor ist es möglich, an Bildern nach einer Pause fortzufahren. Oftmals hilft eine kleine Malpause dabei, den Blick wieder zu schärfen, um eine neue Entscheidung für das Bild treffen zu können.

Morgenritual
SONNENGRUSS

„Wenn ich erwache, begrüße ich meinen Tag mit Leichtigkeit im Herzen."

KENNST DU DAS?

Der Wecker klingelt und der Kopf wird noch mal unter der Bettdecke vergraben. Nach dem Motto „Ich will noch nicht aufstehen!" Betrachtet man diese Situation mit Abstand, sollte sich hier etwas verändern, wenn man sich vor dem neuen Tag vergraben möchte. Lass uns damit beginnen, ein Ritual für den Morgen zu finden, das uns ermutigt, in den Tag zu starten.

IDEE FÜR DEIN RITUAL

Natürlich kennen wir es alle, wenn wir eine Nacht hinter uns haben, in der unser Schlaf als nicht erholsam empfunden wurde. Dann ist es noch wichtiger, etwas für uns selbst am Morgen zu tun, das uns erwachen lässt.

Sonnenlicht, auch an bewölkten Tagen, bringt uns im wahrsten Sinne des Wortes in Schwung. Es kurbelt unseren Kreislauf an und dazu genügt es, wenn wir kurz nach draußen gehen. Wenn diese Möglichkeit für dich kompliziert erscheint, da du einen weiteren Weg nach draußen hast, stelle dich ans offene Fenster und atme die frische Luft ein.

Immer wenn ich mich vom Licht am Morgen küssen lasse, wächst ein wunderschöner Tatendrang in mir. Ein idealer Zeitpunkt, um etwas zu kreieren und der eigenen Freude zu folgen. Gehe zu deinem Kreativplatz und male ein Bild aus dem Buch.

Abendritual

VORBEREITUNG AUF DIE FREUDE

„Ich tue mir jeden Tag Gutes und werde dafür belohnt."

KENNST DU DAS?

Du nimmst dir Zeit, um kreative und achtsame Momente zu erleben, doch statt dich im eigentlichen Prozess fallen zu lassen, musst du erst mal Platz schaffen und Materialien vorbereiten. Das kann teilweise viel Zeit in Anspruch nehmen und dich wieder zu anderen Tätigkeiten bringen statt zu dem, was du eigentlich tun wolltest.

IDEE FÜR DEIN RITUAL

Nimm dir bereits am Abend Zeit, um deine Selfcare-Watercolor-Session für den Morgen vorzubereiten. Richte dir einen schönen Platz dafür ein. Stelle dir schon Wasser und Farben bereit. Lege dir Papier und deine Pinsel zurecht. Stöbere im Buch nach einem Selfcare-Watercolor-Motiv, das du als Nächstes umsetzen möchtest.

Vielleicht gibt es noch ein besonderes Duftöl, eine Kerze oder eine kleine Vase mit frischen Blumen, die du dir ebenfalls schon bereitstellst. Erschaffe eine zauberhafte Atmosphäre, für die es sich lohnt, auf den Snooze-Knopf zu verzichten und mit Freude in den Tag zu starten.

MEER *aus Blumen*

Motive, die erst im Prozess ihre Form annehmen, zeigen uns, wie wichtig es ist, einfach loszulegen. Selbst wenn es zu Beginn unmöglich erscheint, ans Ziel zu kommen, so ist es immer ein erster Schritt, der gesetzt werden muss.

SELFCARE-WATERCOLOR-MOMENT

Einen Punkt finden, mit dem man beginnt.

MATERIAL

PAPIER

Hahnemühle Expression Matt, 24 × 30 cm

PINSEL

Van Gogh Rundpinsel 191 Gr. 00

Van Gogh Rundpinsel 191 Gr. 2

DaVinci Casaneo Verwaschpinsel Gr. 0

AQUARELLFARBEN

Quinacridon Magenta von Daniel Smith

Imperial Purpur von Daniel Smith

Kaskadengrün von Daniel Smith

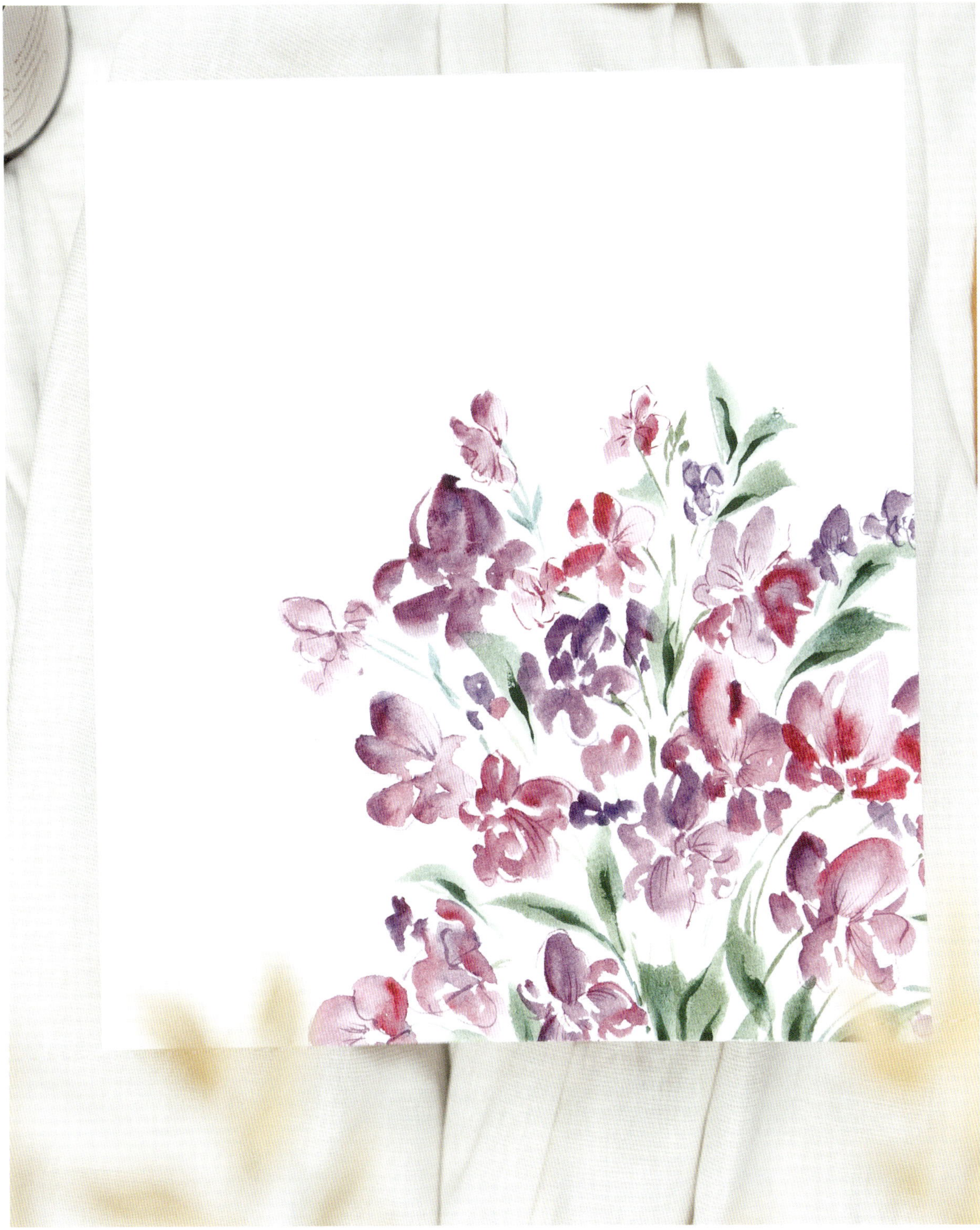

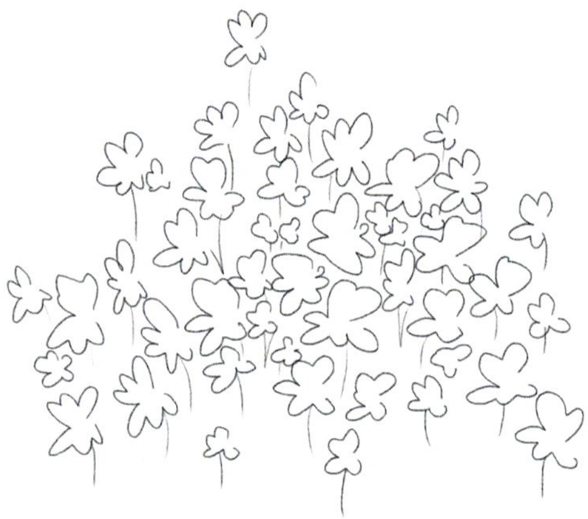

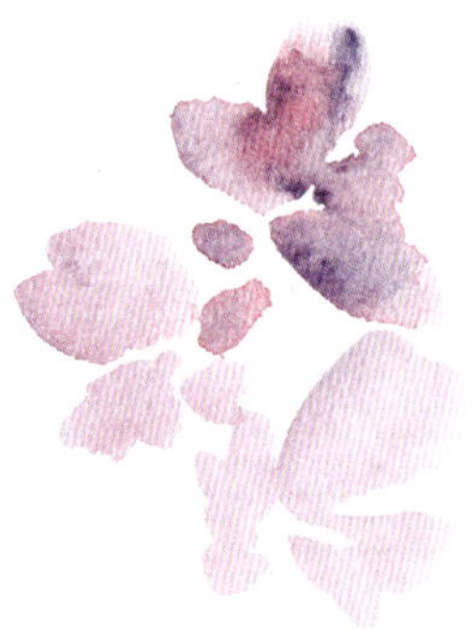

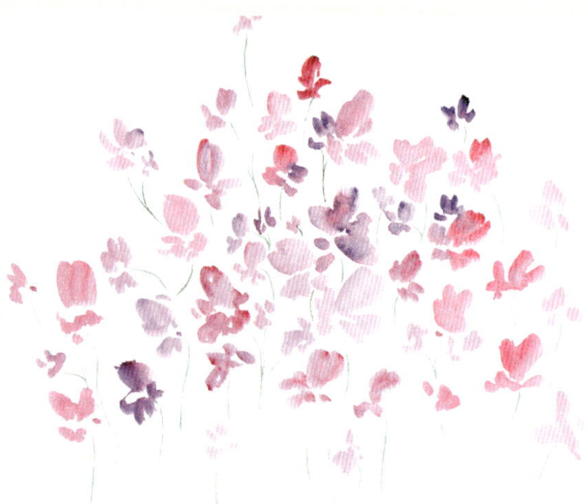

So geht's

1. Zur Vorbereitung der Bildkomposition kannst du mit einer Skizze starten.

2. Bereite dir deine Farben für die Blüten vor. Du kannst auf einer Fläche etwas Magenta und Purpur platzieren und die Farbtöne, unter Beigabe von etwas Wasser, ineinanderlaufen lassen. Nimm einen Verwaschpinsel in Größe 0 und gleite damit sanft durch das Farbgemisch. Setze in der Mitte deines Blattes an und aquarelliere nass eine Blütenform. Dies hilft dir bei einem solchen Motiv, einfach zu beginnen.

3. Füge weitere Blüten hinzu und tupfe nach Belieben weitere Farbe in die nassen Blüten. So lässt du besonders schöne Verläufe entstehen. Du kannst mit dem Pinsel auch beide Farben aufnehmen und so schon beim Erstauftrag zweifarbig arbeiten. Bleibe im ständigen Wechsel von großen, kleinen und mittelgroßen Blüten, die du malst. Die Blüten können sehr intuitiv gemalt werden. Von klassischen Anordnungen im Kreis bis zu Kombinationen von großen und kleinen Blütenblättern, wie ich es dir hier zeige, kannst du deiner Fantasie freien Lauf lassen. Greife danach zu einem Rundpinsel in Größe 00 und ziehe hauchzarte Linien mit Kaskadengrün von den Blüten nach unten. Achte dabei auf leicht geschwungene Pinselstriche.

TIPP

Du kannst mit den Abständen der Blüten zueinander variieren. Für ein schönes Ergebnis empfiehlt es sich, ein klares Schema der Abstände einzuhalten oder von sehr dicht zu sehr locker überzugehen.

4. Setze nun Blätter an die Blütenstiele. Je nach Platz wählst du den passenden Pinsel für das Aquarellieren der Blätter. Filigrane Blätter erhältst du mit einem Rundpinsel der Größe 2, breite Blätter, die präsenter wirken, malst du mit einem größeren Pinsel. Variiere die Größe der Blätter. Bereite dir dazu die Farbe Kaskadengrün in zwei Aufhellungsstufen vor. Wenn du deine Blüten bereits sehr farbintensiv umgesetzt hast, passt es gut, wenn auch die Blätter teilweise sehr kräftig aufs Papier gebracht werden.

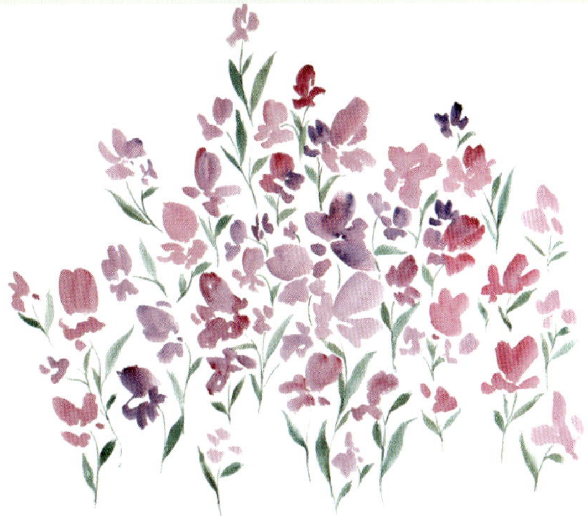

5. Male zum Schluss mit einem dünnen Rundpinsel Outlines um die Blüten und ziehe feine Blattadern in die Blüten und Blätter. Wähle einen intensiveren Farbton als beim Erstauftrag.

TIPP

Gerade solche sehr schnellen Motive eignen sich nicht nur, um sich selbst eine achtsame und kreative Auszeit zu nehmen, sondern auch als Grundlage für eine Karte, um jemand anderem eine Freude zu ma chen. Muster und Blumenmeere wie diese lassen sich sehr schön zuschneiden, ohne dass man im Vorfeld zu stark auf ein besonderes Layout achten muss. Im Zuschnitt kannst du einen besonderen Bereich für dich wählen. Wenn du dein Papier auch knicken möchtest, bedenke, dass dein Aquarellkarton fester als herkömmliches Druckpapier ist – verwende dazu am besten ein Falzbein oder ein Lineal.

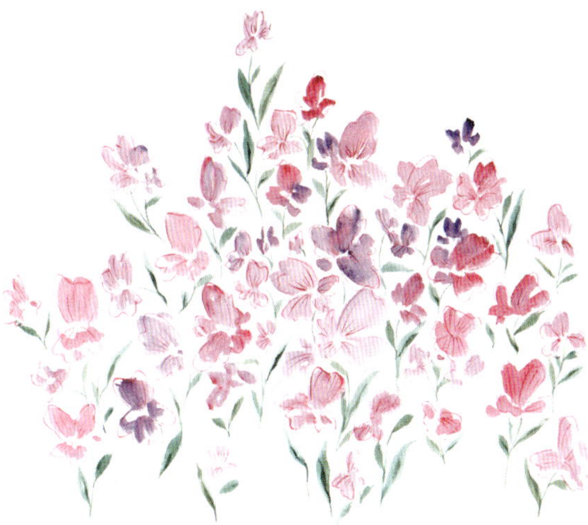

Morgenritual

NEUES WAGEN

„Veränderung beginnt immer bei mir selbst."

KENNST DU DAS?

Du möchtest etwas verändern, Neues wagen, und träumst bereits von Dingen, die du anders machen wirst. Monate später fragst du dich, was ist nun anders? Du stellst fest, dass du nur von Veränderung geträumt hast und noch nicht ins Tun gekommen bist. Lass uns das im kleinen Rahmen ändern und vielleicht öffnet es auch Türen zu noch größeren Veränderungen.

IDEE FÜR DEIN RITUAL

Womöglich hast du schon viel mit deinen Farben umgesetzt und es hat sich bereits eine Farbpalette etabliert. Nutze deinen Morgen heute, um eine neue Farbstimmung für dich zu finden.

Widme dich einer der Anfangsübungen aus dem Buch, mit dem Ziel, interessante Kombinationen und Farbmischungen zu entdecken, die du für eines der nächsten Motive verwenden kannst. Feuchte dazu dein Papier an und lass bewusst Farben darauffließen, zu denen du selten greifst.

Diese Überwindung hilft dir zu erkennen, wie einfach Veränderung und ein neuer Schritt sein können. Starte nach der Übung mit dieser Erkenntnis bewusst in deinen Tag.

Abendritual

WACHSTUM SEHEN

„Ich wachse, blühe und bin glücklich dabei."

KENNST DU DAS?

Wir gehen zu Bett und sind froh, den Tag geschafft zu haben. Vor allem dann, wenn wir Dinge zu meistern hatten. Dabei wäre es genau an solchen Tagen von großer Wichtigkeit, genau das zu sehen, was wir alles geschafft haben, um das innere Wachstum zu erlauben.

IDEE FÜR DEIN RITUAL

Schreibe dir in einigen Sätzen auf, wie stolz du auf dich bist, was du heute oder in den letzten Tagen besonders gut gemeistert hast. Vergegenwärtige dir die Momente, in denen du nicht immer dachtest, dass du es schaffen wirst, oder in denen du gemerkt hast, wie viel Fokus es für dich braucht, dranzubleiben, bis du es geschafft hast.

Nicht immer müssen wir warten, dass anderen auffällt, was wir Außerordentliches tagtäglich meistern, vor allem wir selbst dürfen diese Beobachtung und Anerkennung für uns übernehmen.

WACHSEN und blühen (Teil 1)

In der Natur sehen wir, wie aus einem Samenkorn etwas entsteht. Eine Pflanze erwacht und hebt sich in Richtung Sonne empor.

SELFCARE-WATERCOLOR-MOMENT

Die Magie im Einfachen erkennen.

MATERIAL

PAPIER

Hahnemühle Expression Matt, 24 × 30 cm

PINSEL

Van Gogh Rundpinsel 191 Gr. 2

DaVinci Casaneo Verwaschpinsel Gr. 0

AQUARELLFARBEN

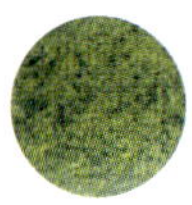

Seegrün von Daniel Smith

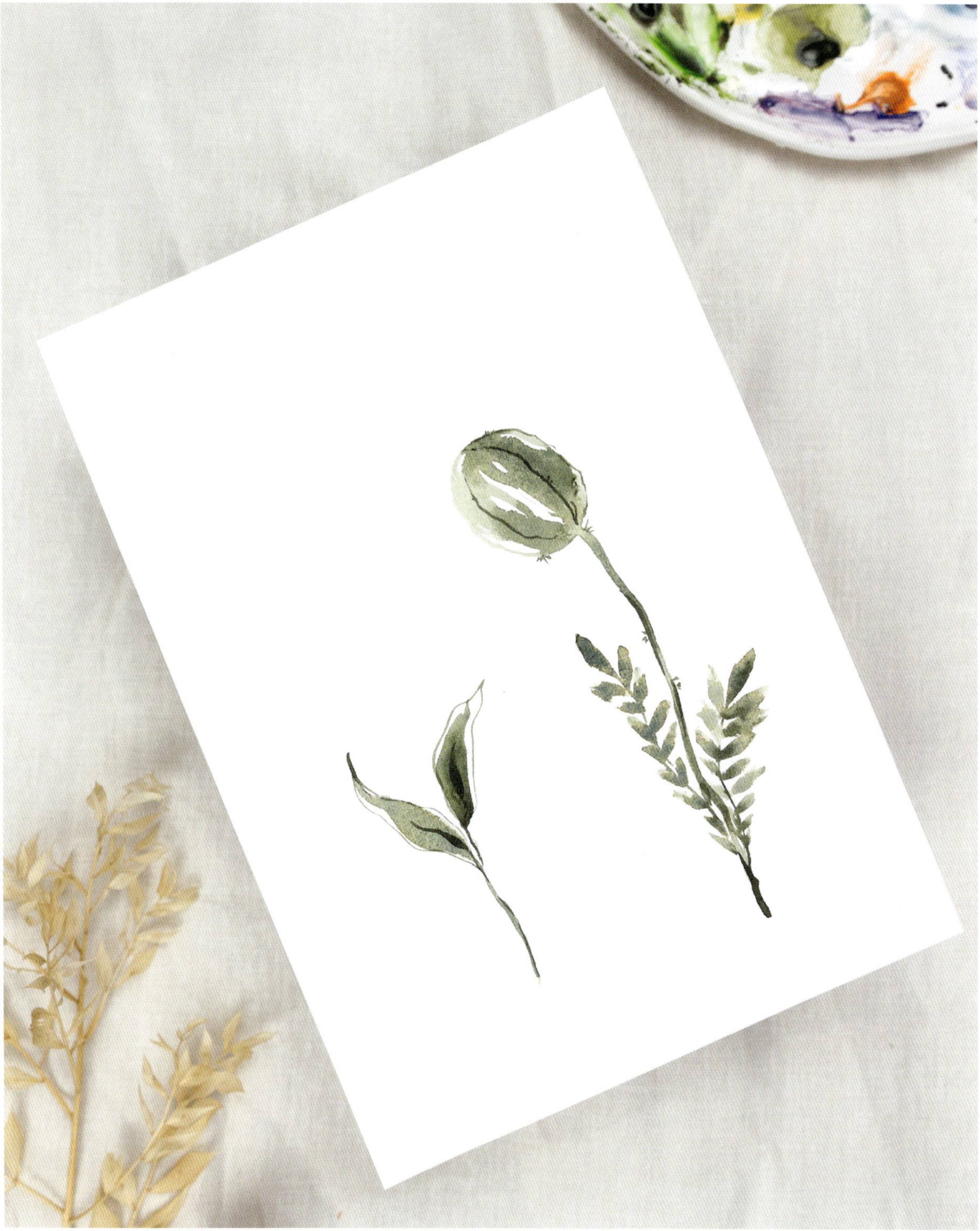

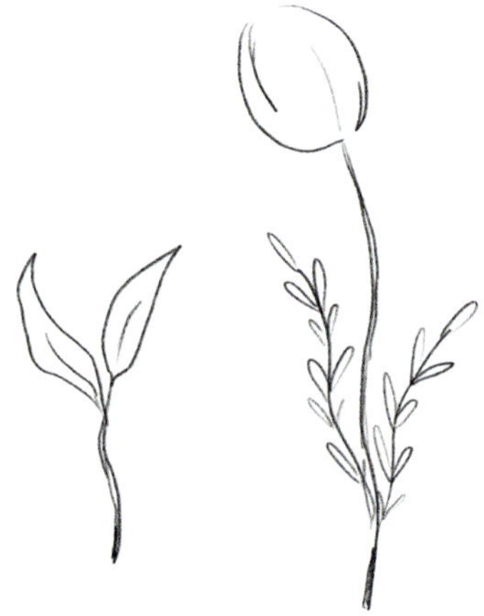

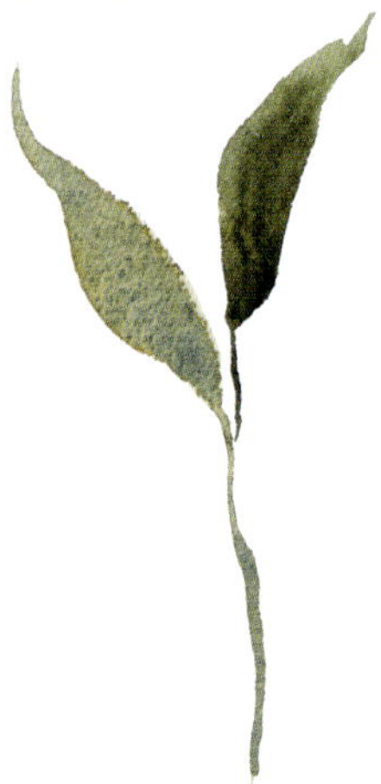

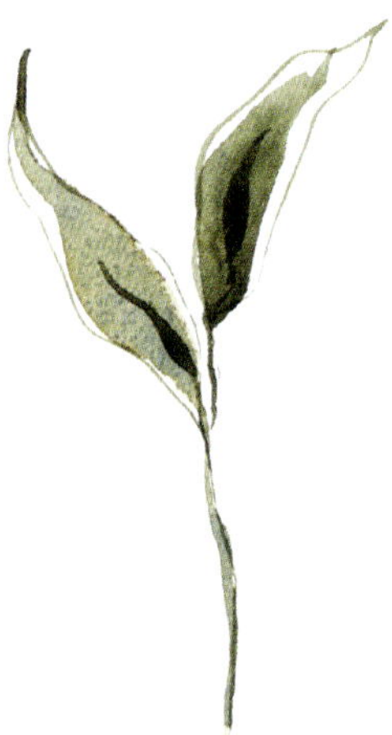

So geht's

1. Skizziere zunächst deine zwei Motive, um dich auf die Formen der Blätter und der Knospe vorzubereiten.

2. Mische dir einen Grünton an. Du kannst mit diesem beim Malen auch etwas spielen. Beginne zum Beispiel etwas transparenter als in meinem Bild und tupfe Farbpigmente nach, um Verläufe zu erzielen.
   Nimm dir einen Verwaschpinsel in Größe 0 zur Hand. Halte deinen Pinsel im 90-Grad-Winkel zum Papier und ziehe mit wenig Druck von unten nach oben eine leicht geschwungene und zarte Linie. Bevor du den Pinsel vom Papier absetzt, steigerst du den Druck, neigst den Pinsel etwas in Richtung Papier und nutzt die Breite des Pinsels für dein Blatt. Kurz vor dem Absetzen des Pinsels gehst du wieder in die senkrechte Haltung zurück. Ein stark geschwungenes Blatt erzielst du, indem du deinen Pinsel während des Malens kurz vor dem Absetzen drehst. Du führst also zwei Bewegungen zur selben Zeit aus.
   Aquarelliere danach ein zweites Blatt, das sich in die andere Richtung neigt.

TIPP

Wenn du mit dem Verwaschpinsel zu malen beginnst, denke daran, dass dieser etwas anders aufgebaut ist als ein Rundpinsel und eventuell etwas Übung verlangt.

3. Wechsle nun zum Rundpinsel in Größe 2 und widme dich den Details. Mit wenig Druck und einer senkrechten Pinselhaltung ziehst du ganz locker die Blätter nach. Male immer wieder raus und gib der Linie einen schönen Schwung. Wenn deine Blätter trocken sind, kannst du eine Mittellinie ziehen oder andere Details hinzufügen.

4. Nun male eine größere Pflanze. Mit dem Verwaschpinsel in Größe 0 malst du eine ovale Form ungenau aus. Das heißt, du füllst deine Form, die Mohnknospe, nicht vollständig mit Farbe aus, sondern lässt Weißraum. Noch im nassen Zustand der Farbe ziehst du einen Stiel nach unten. Auch hier darf es eine leichte Neigung geben. Male gern etwas transparenter, also helle die Farbe mit Wasser auf und füge nach und nach Farbpigmente deines Grüntons hinzu.

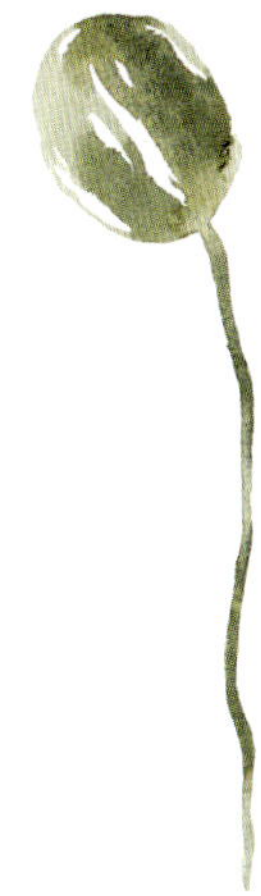

TIPP

Weißraum schafft nicht nur Leichtigkeit im Aquarell, du kannst damit auch Details oder Strukturen erkennbarer machen. Bei der Mohnknospe unterstreiche ich damit die länglich runde Form.

5. Ziehe mit dem Rundpinsel in Größe 2 links und rechts vom Stängel feine Linien nach oben. Nun gehe mit dem Pinselhaar vollständig in deine grüne Farbe. Für die Technik, um die Blätter zu malen, ist es wichtig, dass der Pinsel mit Farbe vollgesogen, jedoch nicht tropfnass ist. Verwende deine Pinselspitze nun als Stempel und drücke ihn auf das Papier. So entstehen sehr schöne kleine Blattformen mit einer ganz besonderen Struktur.
Füge weitere Details hinzu: kleine Härchen entlang des Stiels der Knospe sowie feine Linien in der Knospe.
Erweitere dein Motiv mit Teil 2 dieses Projekts auf Seite 84.

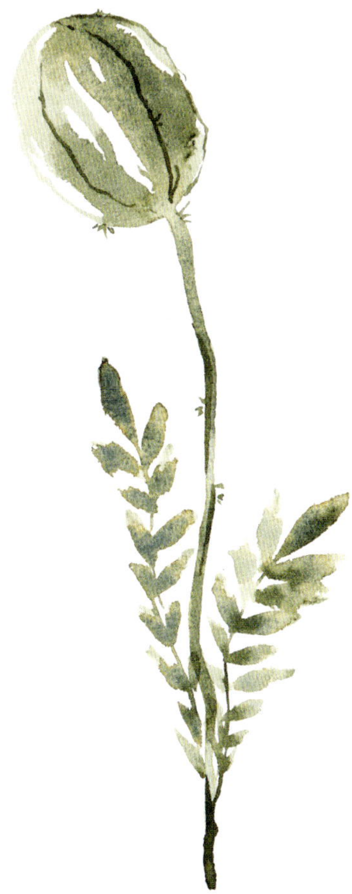

Morgenritual

ZIELE SETZEN

„Ich entscheide, welches Gefühl ich annehme."

KENNST DU DAS?

Begegnungen während des Tages können beflügeln, anregen und inspirierend auf dich wirken. Ebenso können sie uns in eine gegenteilige Stimmung leiten. Das Schöne ist, dass wir immer selbst entscheiden können, wie wir uns fühlen wollen, und uns nicht zwingend von Gefühlen kontrollieren lassen müssen.

IDEE FÜR DEIN RITUAL

Setze dich morgens nach dem Aufstehen hin und schreibe dir genau auf, wie du dich heute Abend fühlen möchtest. Fokussiere dich darauf, wie dein Tag heute auf Gefühlsebene sein wird. Schärfe dadurch dein Bewusstsein und entscheide während des Tages genau, worauf du dich einlässt und was du an dir vorbeiziehen lässt.

Erinnere dich immer wieder am Tag an den Satz, den du dir am Morgen notiert hast, und nimm ihn als gedanklichen Anker mit.

Abendritual

WACHSTUM REFLEKTIEREN

„Ich erkenne meinen Fortschritt."

KENNST DU DAS?

Müde und erschöpft lässt du dich auf die Couch fallen und sagst zu dir selbst: „Was für ein anstrengender Tag! Gut, dass er vorbei ist." Wie wäre ein neuer Gedanke?

IDEE FÜR DEIN RITUAL

Selbst wenn man während des Tages Herausforderungen begegnen durfte, muss sich ein Tag nicht als schwer, anstrengend und ermüdend im Kopf manifestieren. Gern nimmt man dieses Gefühl in andere, ereignisreiche Tage mit. Erstelle dir stattdessen eine kleine Liste mit Dingen, die du alle gemeistert hast, und erkenne, wie stark und energievoll du tatsächlich bist.

Lade deine Batterien wieder mit etwas auf, das dir guttut und dir Freude macht. Nicht als Belohnung, sondern als Geste an dich selbst.

Schnappe dir deine Farben und aquarelliere passend zu diesem Ritual das nächste Motiv im Buch. Erkenne dabei dein Wachstum.

WACHSEN und blühen (Teil 2)

Nach kurzer Zeit wird aus einem jungen Zweig eine wunderschöne Blume. Aus einem Gedanken wächst eine Idee und daraus entsteht ein neuer Weg, der dir zeigt, wie schön Wachstum sein kann. Er lässt dich blühen.

SELFCARE-WATERCOLOR-MOMENT

Transformation klar sehen.

MATERIAL

PAPIER

Hahnemühle Expression Matt, 24 × 30 cm

PINSEL

Van Gogh Rundpinsel 191 Gr. 2

DaVinci Casaneo Verwaschpinsel Gr. 0

AQUARELLFARBEN

Seegrün von Daniel Smith

Aussie Rotgold von Daniel Smith

Opernrosa von Daniel Smith

Nickelgelb Azo von Daniel Smith

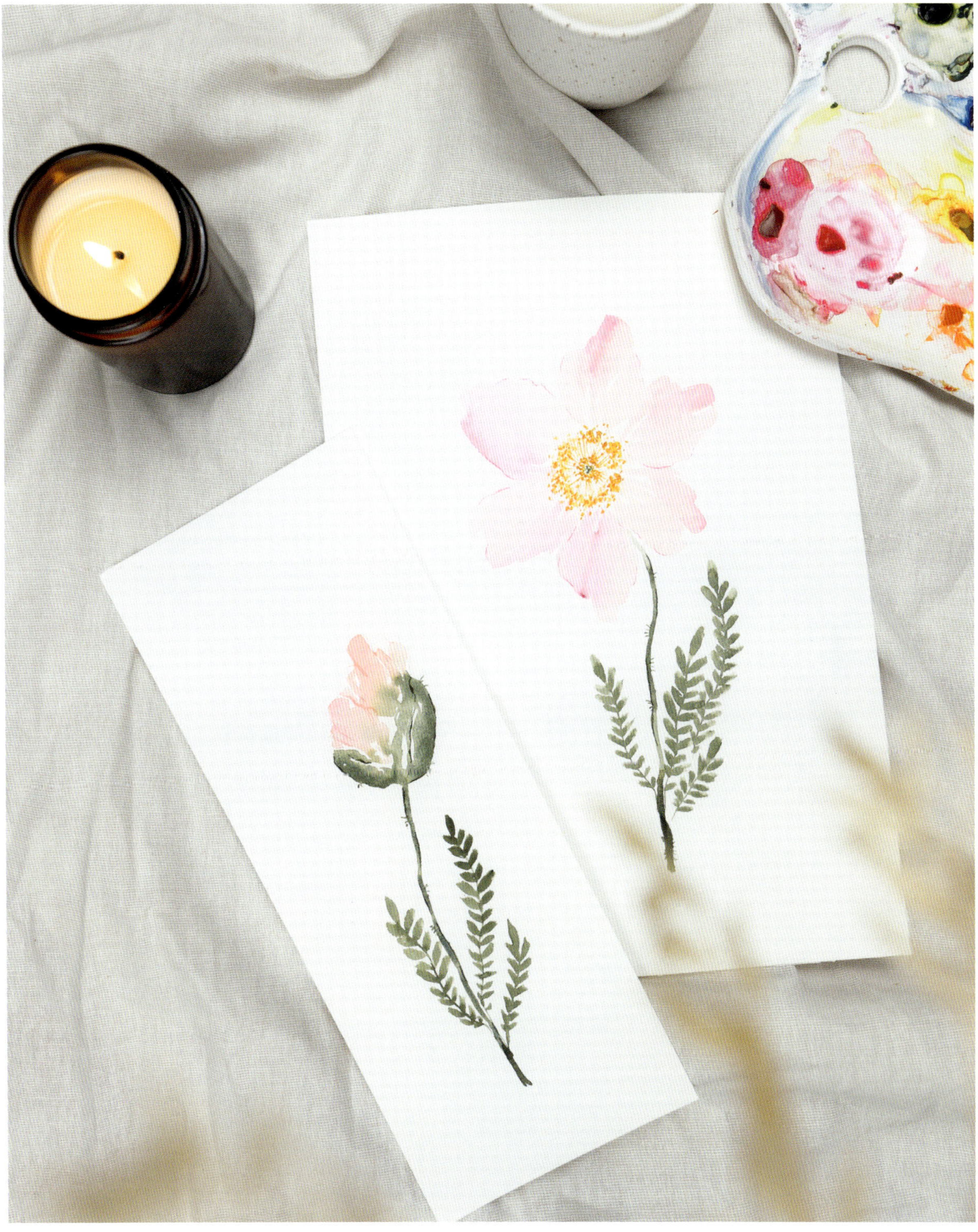

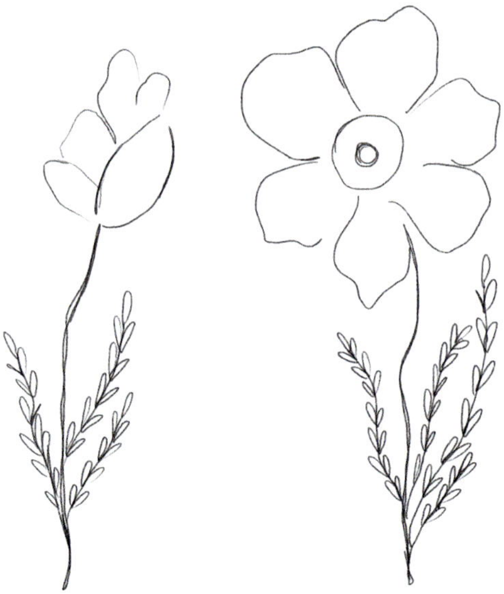

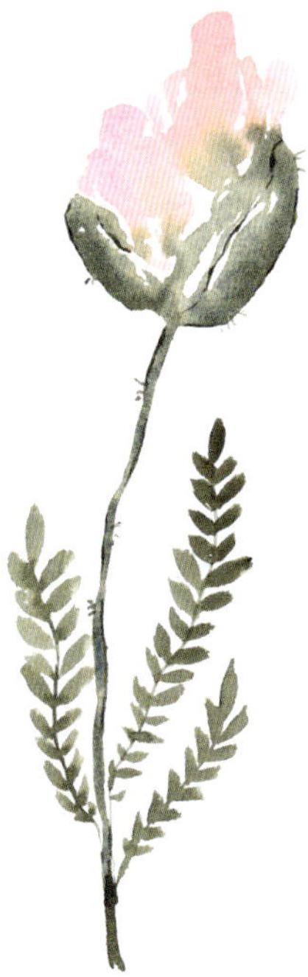

So geht's

1. Als Hilfestellung kannst du mit einer Skizze starten.

2. Mit dem Verwaschpinsel in Größe 0 und dem Seegrün malst du relativ nass eine halbe Knospe, die sich in eine Richtung neigt. Halte dich hier am besten an Schritt 4 von Teil 1 auf Seite 81. Ziehe einen Schwung auf der anderen Seite, sodass du die sich öffnende Knospe darstellst.
   Das interessante Detail folgt nun mit den Blüten, die sich hier zeigen und schon hinauswollen. Wasche dazu den Pinsel gut aus und mische Opernrosa mit einem Orange- und einem Gelbton auf einer Farbpalette an. Du kannst auch mit dem Pinsel sanft durch alle drei Farben streichen und dieses Farbspiel für die Blütenblätter nutzen. Male dann mit wenigen Pinselstrichen und etwas Druck am Pinsel breite Blütenblätter und ziehe die Farbe bis in das Seegrün deiner Knospe. So entstehen faszinierende Farbverläufe. Dabei ist darauf zu achten, dass beide Elemente auf dem Papier nass sind.

TIPP

Du kannst auch bewusst Seegrün an den Ansatz der Blütenblätter tupfen, um den Effekt zu verstärken.

3. Lass nun das erste Motiv trocknen und widme dich dem zweiten Motiv, bei dem sich die Knospe bereits vollständig geöffnet hat. Tupfe zunächst mit dem Rundpinsel und den Farben Grün, Gelb und Orange einen Innen- und einen Außenkreis für den Blütenstempel. Diese Tupfen stellen die Basis für deine Blütenmitte dar und dienen dir als Orientierung für das Setzen der Blütenblätter. Wechsle zum Verwaschpinsel und male im Kreis versetzt Blütenblätter mit der Mischung aus den Farben Rosa, Gelb und Orange. Drehe beim Malen dein Papier immer etwas, um eine gemütliche Malposition beizubehalten. Danach ziehst du einen Stängel mit dem Seegrün und lässt dein Motiv vollständig trocknen.

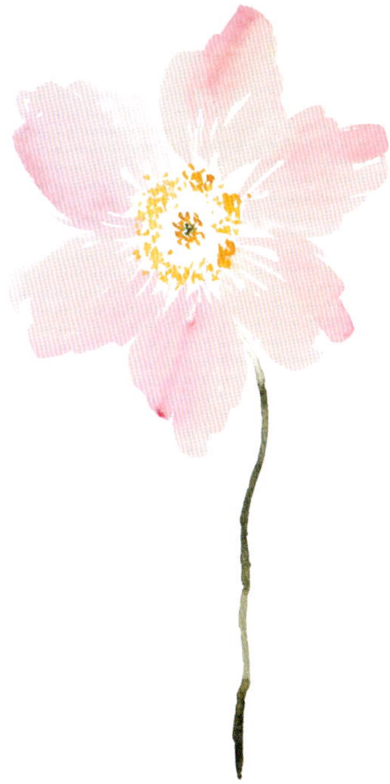

TIPP

Lass bei den Blütenblättern immer etwas Weißraum stehen und stelle gern die Blütenblätter unterschiedlich geneigt dar. Lass etwas entstehen, ohne auf Perfektion konzentriert zu sein.

4. Arbeite die Details deiner zwei Motive aus. Setze das Blattwerk mit dem Rundpinsel in Größe 2 um. Dazu ziehst du geschwungene, feine Linien neben den Stängel und drückst die Farbe mit der Pinselspitze auf das Papier, wie in Teil 1 des Motivs (S. 80).
Tupfe intensivere Farbe in den Blütenstempel, um Tiefe entstehen zu lassen. Feine Linien zwischen dem Innen- und Außenkreis des Blütenstempels runden diesen Teil des Motivs ab. Ziehe sowohl bei der sich öffnenden Knospe als auch bei deiner geöffneten Blüte feine Außen- und Innenlinien bei deinen Blütenblättern. Mit dem Seegrün kannst du kleine Härchen setzen, die am Stängel und an der Knospe abstehen.

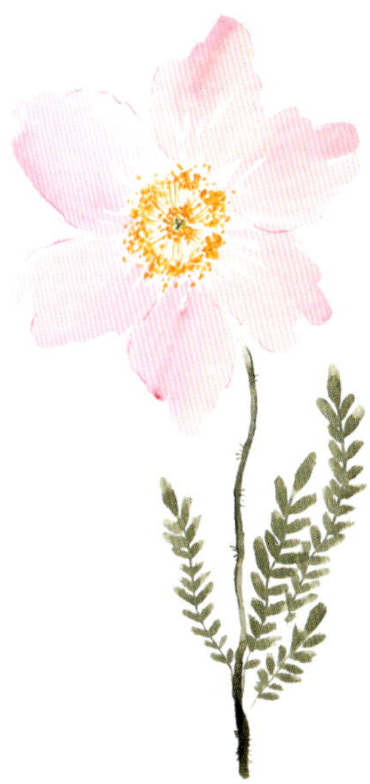

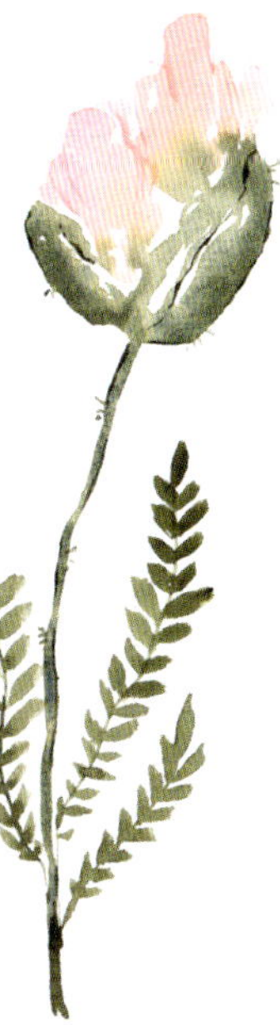

Morgenritual

HINGABE

„Zeit ist ein Richtwert. Meine Hingabe für meine Tätigkeiten ist der wahre Kernwert und Sinn."

KENNST DU DAS?

Man setzt etwas um oder beginnt mit einem neuen schönen Projekt. Schon passiert es, dass man unterbrochen wird oder begrenzt Zeit dafür hat und eine Pause einlegt. Oft kommen Frust und Ärger hervor, da man in diesem Moment der Meinung ist, keine Zeit zu haben, das fertigzustellen. Dabei ist Zeit nicht immer das Wichtigste für die erfüllenden Tätigkeiten.

IDEE FÜR DEIN RITUAL

Beginne deinen Morgen mit einem Motiv aus dem Buch. Steige jedoch mental ganz neu ein und werde dir darüber bewusst, wie wichtig die Hingabe ist. Denn selbst wenn du dein Bild erst nach drei Tagen fertigstellst, geht es um jede einzelne Session, in der du dich dem Motiv hingibst. Der Faktor Zeit ist dann kaum noch entscheidend und 15 Minuten in Hingabe und Fokus fühlen sich wie 45 Minuten an.

Erkennst du das in einer so einfachen Übung wie dieser, wird es dir im Alltag allgemein leichter fallen, dich den einzelnen Dingen hinzugeben, statt im Mangel der Zeit zu sein.

Abendritual

ZU SICH SELBST STEHEN

„Ich bleibe mir immer treu und stehe zu mir."

KENNST DU DAS?

Bei zahlreichen Begegnungen während des Tages kommt man mit den unterschiedlichsten Ansichten, Emotionen und Geschichten in Berührung. Das kann einen selber an manchen Tagen auch verunsichern. Vor allem dann, wenn man auf völlig neue Welten stößt. Im anregenden wie auch im herausfordernden Sinn.

IDEE FÜR DEIN RITUAL

Nimm dir ein Blatt Papier und schreibe dir einige Werte auf, die du bereits in dir trägst, und formuliere dazu wertschätzende Sätze. Vielleicht sind es auch Eigenschaften und Werte, die oftmals im Außen nicht erkannt werden – gerade diese gilt es, endlich zu sehen. Schreibe als Abschluss die Affirmation und halte kurz einen Moment inne. Ja, es kann berührend sein, sich seinen Wert vor Augen zu führen.

Nimm das stärkende Gefühl mit in deine nächste Selfcare-Watercolor-Session und bleibe im Malprozess ebenfalls ganz bei dir. Fühle, wie schön es ist, zu sich zu stehen.

NEUE Ausrichtung

Andere Perspektiven und Formen bringen den Geist und das Vorstellungsvermögen für so vieles im Leben in Schwung. Das Malen darf dir eine gute Unterstützung sein. Selbst wenn man nur Kleinigkeiten am Papier neu versucht, bringen sie ein völlig neues Ergebnis zum Vorschein.

SELFCARE-WATERCOLOR-MOMENT

Das Schöne an Veränderungen erkennen.

MATERIAL

PAPIER
Hahnemühle Expression Matt, 24 × 30 cm

PINSEL
Van Gogh Rundpinsel 191 Gr. 00

DaVinci Casaneo Verwaschpinsel Gr. 0

WEITERES MATERIAL
wasserfester Fineliner

AQUARELLFARBEN

Seegrün
von Daniel Smith

Imperial Purpur
von Daniel Smith

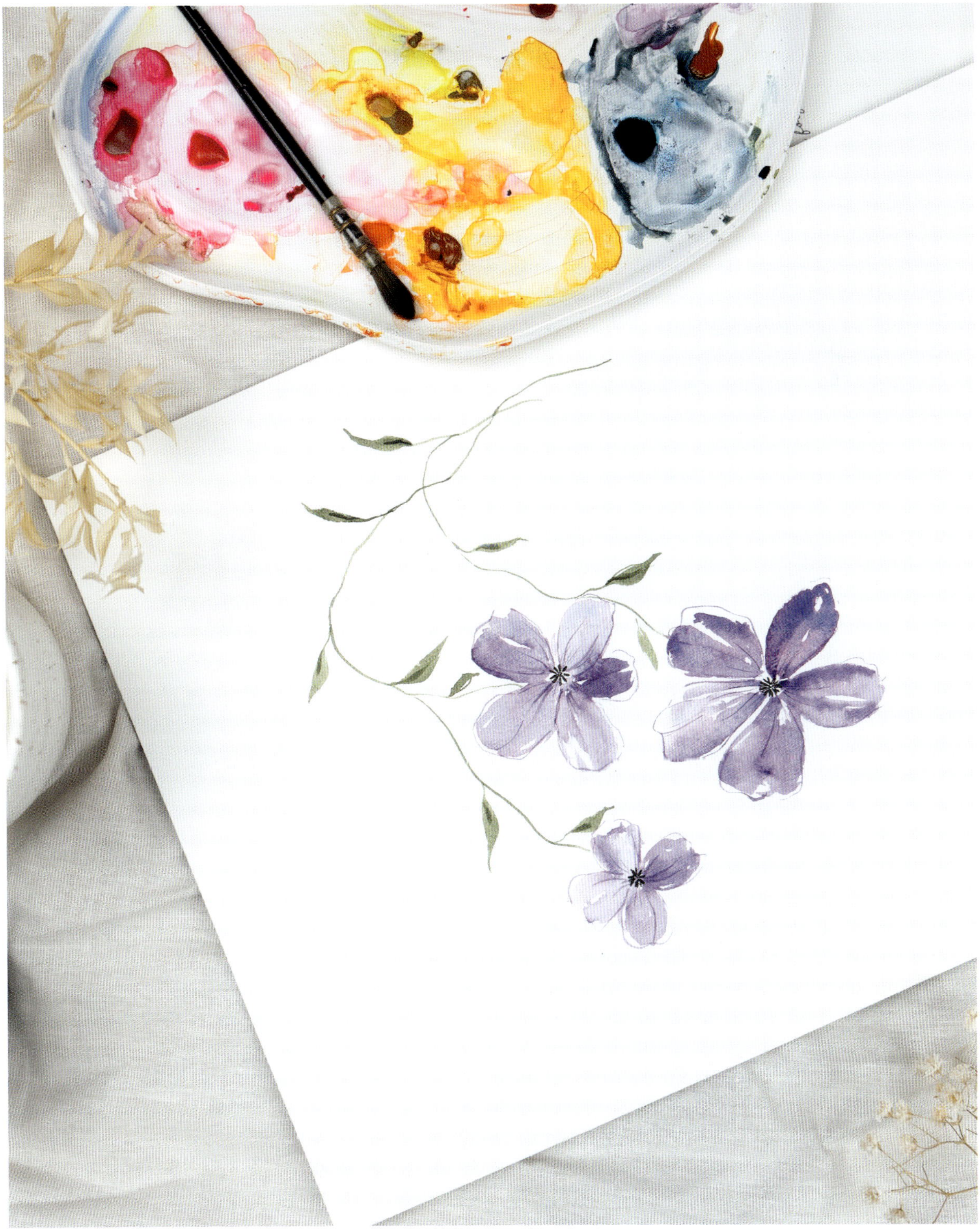

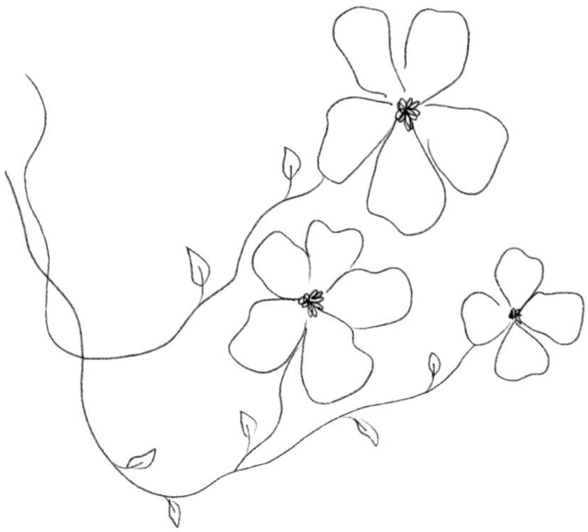

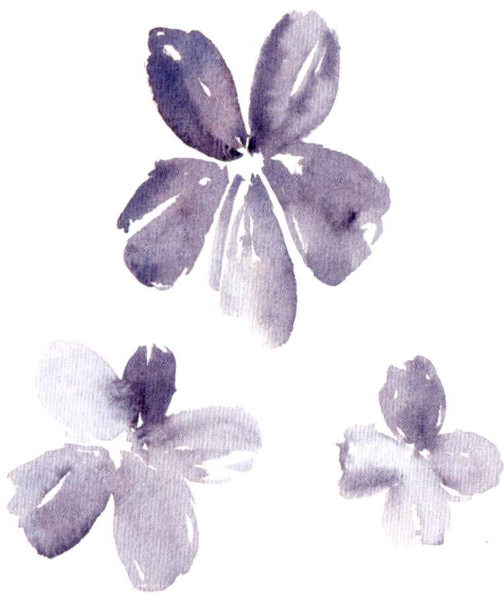

So geht's

1. Als Hilfestellung kannst du mit einer Skizze anhand von Grundformen starten.

2. Bereite dir das Imperial Purpur mit etwas Wasser auf. Die Besonderheit an diesem Farbton ist, dass er auch rosa Pigmente enthält und sich diese wunderschön auf dem Papier teilen. So entsteht eine besondere und interessante Farbstimmung, selbst wenn du in der Farbwahl sehr minimalistisch bleibst.
Mit dem Verwaschpinsel in Größe 0 malst du nass auf trocken drei Blüten, bestehend aus jeweils vier bis fünf Blütenblättern. Die Mitte der Blüten kannst du noch frei lassen und bei jedem Blütenblatt auf Schwung und Weißraum achten.

TIPP

Bei sehr einfach gehaltenen Motiven kannst du mit Farbverläufen viel Wirkung erzielen. Tupfe nach und nach mehr Pigmente in die nassen Flächen und lass neue Effekte entstehen.

3. Nun kommen wir zum Part des Motivs, der dir eine neue Perspektive bringt. Ziehe die Stiele der Blüten nicht wie zuvor nach unten, sondern lass die Blüten von einer anderen Richtung auf dem Papier wachsen. Ich persönlich liebe feine und zarte Zweige in Kombination mit starken Blüten. Hier stoßen zwei sehr schöne Kontraste aufeinander, die eine florale Komposition sehr interessant wirken lassen können. Um ebenfalls diesen Effekt zu erzielen, greife zum Rundpinsel in Größe 00 und ziehe mit dem Grünton hauchzarte Linien. Im ersten Schritt können die Zweige sehr transparent sein. Nach und nach kannst du sie intensiver herausarbeiten.
Auch die Blätter tragen zum Gefühl der Leichtigkeit bei. Du kannst Blätter sehr

symmetrisch aquarellieren oder auch sehr versetzt und unterschiedlich groß darstellen. Traue dich, mit den feinen Blättern zu spielen und sie versetzt an die Zweige zu malen.

TIPP

Mit einer leichten Drehbewegung des Pinsels während des Blättermalens entstehen neue Formen.

4. Nimm dir einen wasserfesten Fineliner zur Hand, zeichne einen kleinen Stern, feine Punkte oder einen schwarzen Kreis in die Mitte der Blüten. So verleihst du deinen Blüten einen sehr einfachen Blütenstempel, der insgesamt im Mixed-Media-Stil für Kontrast sorgt.
Danach geht es mit den Details weiter. Der Rundpinsel ist dabei dein ideales Werkzeug. Die besonders einfachen Blütenformen können mit entsprechenden Outlines ein völlig neues Erscheinungsbild ermöglichen. Male locker, ohne viel Druck am Pinsel, im 90-Grad-Winkel zum Papier die violetten, verspielten Details. Danach kannst du noch die Zweige und Blätter mit Details versehen.

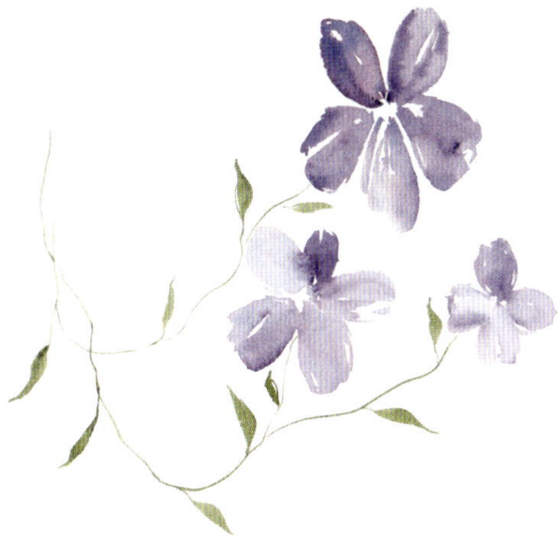

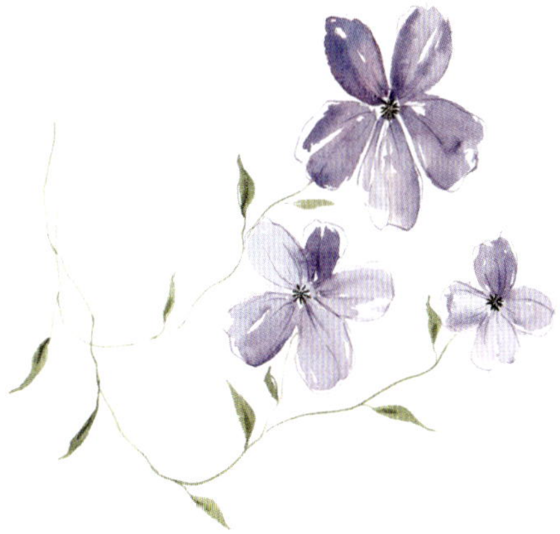

INSPIRATION

Solche Illustrationen kann man sehr einfach mit einer Vase erweitern.

Wage in deinem Malprozess hin und wieder neue Schritte und werde auf dem Papier mutig. Veränderung beginnt mit kleinen Schritten und kann eine große und wunderschöne neue Welt aufzeigen.

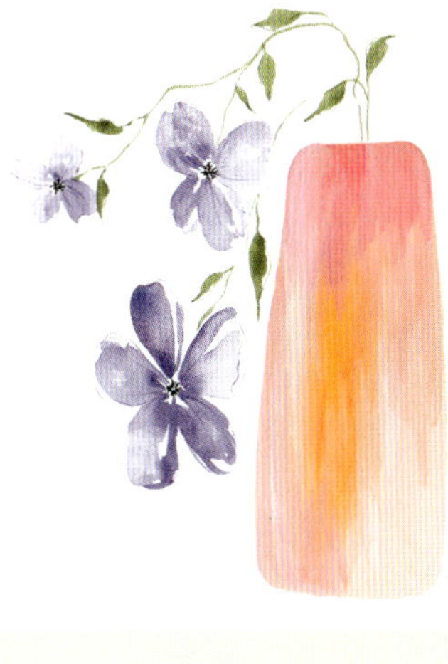

Morgenritual

LEICHTIGKEIT

„Kreativität darf sich leicht anfühlen."

KENNST DU DAS?

Man sitzt am Kreativplatz, möchte loslegen und es fühlt sich nach Anstrengung an, etwas zu kreieren. Dabei sollte genau das gegenteilige Gefühl vorherrschend sein. Freude, Lust und ein Herz und ein Kopf voller Ideen und Farben, die zum Ausdruck kommen dürfen, sollten überwiegen.

IDEE FÜR DEIN RITUAL

Befreie dich von einer solchen Blockade und lass erst einmal das „Ich kann nichts umsetzen"-Gefühl verpuffen. Ich merke, dass ich dies nicht durch erzwungenes Schwingen des Pinsels erreiche, sondern indem ich etwas völlig anderes tue. Praktiziere ein paar Yogaübungen, stretche dich oder gehe für einen kurzen Spaziergang nach draußen. Lenke deinen Fokus auf eine andere Tätigkeit, die dir vertraut ist. Schöpfe Kraft und gehe dann noch mal ganz frei auf den kreativen Prozess zu. Tue etwas, das sich für dich leicht anfühlt, und nimm dieses Gefühl dann in den Malprozess mit. Du wirst sehen, die Leichtigkeit wird wachsen.

Abendritual

EIGENE FÄHIGKEITEN

„Ich vertraue immer meinen eigenen Fähigkeiten."

KENNST DU DAS?

Du hast eine Idee im Kopf. Ein Bild, das du gern umsetzen möchtest, nachdem du im Selfcare-Watercolor-Fieber angekommen bist. Doch ebenso kommt da der Zweifel, dass du das nicht kannst und noch nicht gut genug bist.

IDEE FÜR DEIN RITUAL

Vertraue auf deine eigenen Fähigkeiten, indem du dir einen Moment Zeit nimmst und alle deine Bilder, die du bisher umgesetzt hast, ordnest. Vielleicht ist es dir möglich, sie chronologisch nach Erstellungsdatum zu sortieren. Erkenne deinen eigenen Fortschritt und betrachte vor allem dein erstes Bild und eine deiner aktuellen Umsetzungen. In dir stecken Fähigkeiten, die du vor deinem Beginn von Selfcare-Watercolor noch nicht zu denken gewagt hast.

Dieses Betrachten soll dir helfen, auch für die nächsten Umsetzungen Vertrauen zu gewinnen. Denn du besitzt mehr Fähigkeiten als du denkst. Das Erkennen der eigenen Fortschritte wird dich auf vielen weiteren Ebenen stärken.

LOCKER *werden*

Schon im Grundlagenteil dieses Buches habe ich dir von einfachen Grundformen erzählt, die ein erster Schritt für wunderschöne Blütenillustrationen sind. Dieses Motiv ist ähnlich. Es geht um einfache Formen, die sich zu einem Bild zusammenfügen, welches du mit Farben und deiner eigenen Kreativität immer weiter ausschmücken kannst. Diese Motividee eignet sich hervorragend für kleine Grußkarten, die von Herzen kommen. So verbindest du Selfcare-Watercolor und machst jemandem eine Freude.

SELFCARE-WATERCOLOR-MOMENT

Die Dinge gelassen entstehen lassen.

MATERIAL

PAPIER

Hahnemühle Expression Matt, 24 × 30 cm

PINSEL

Van Gogh Rundpinsel 191 Gr. 2

Van Gogh Rundpinsel 191 Gr. 8

AQUARELLFARBEN

Opernrosa von Daniel Smith

Imperial Purpur von Daniel Smith

Nickelgelb Azo von Daniel Smith

Echtes Apatitgrün von Daniel Smith

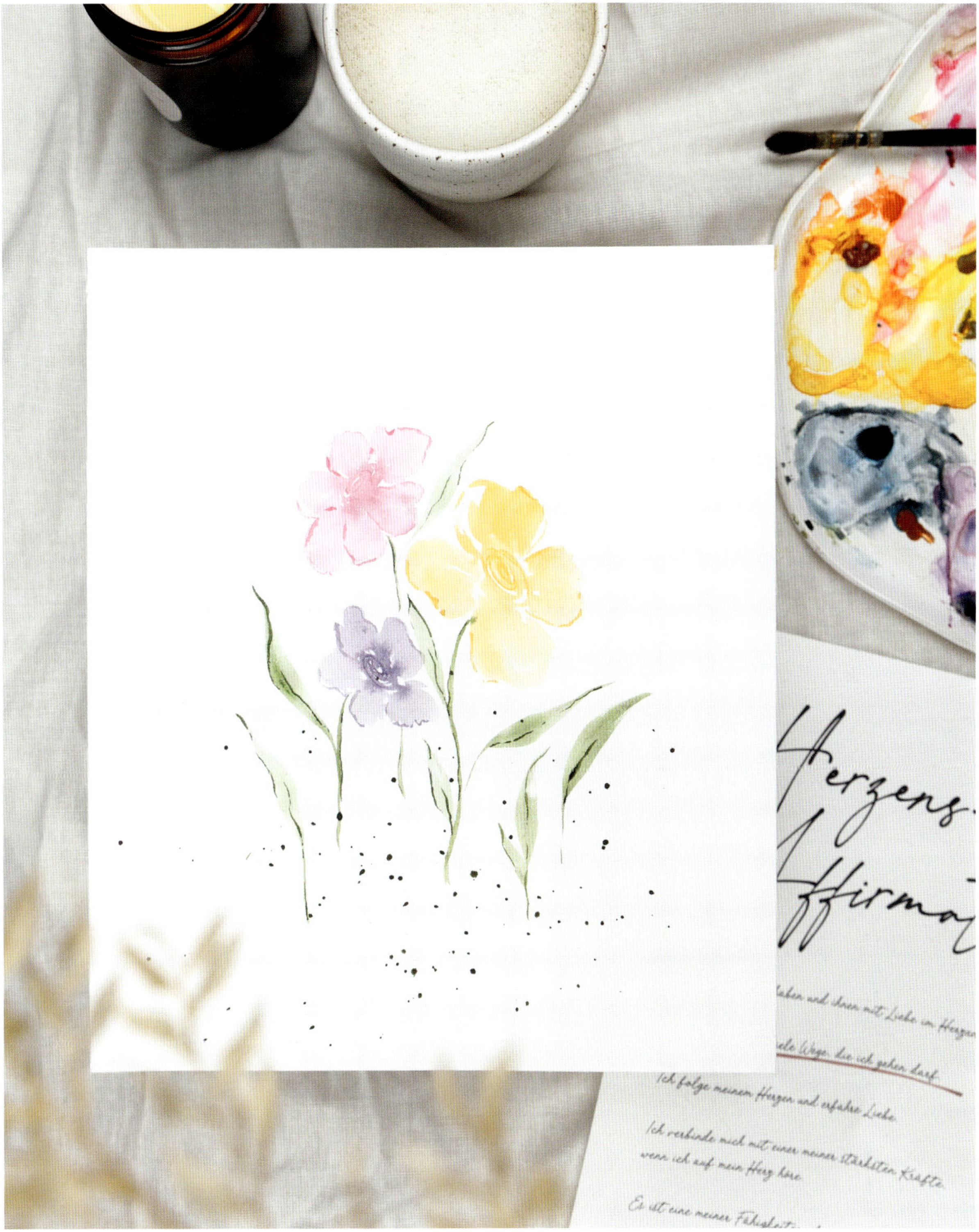
Ich folge meinem Herzen und erfahre Liebe.
Ich verbinde mich mit einer meiner stärksten Kräfte,
wenn ich auf mein Herz höre.

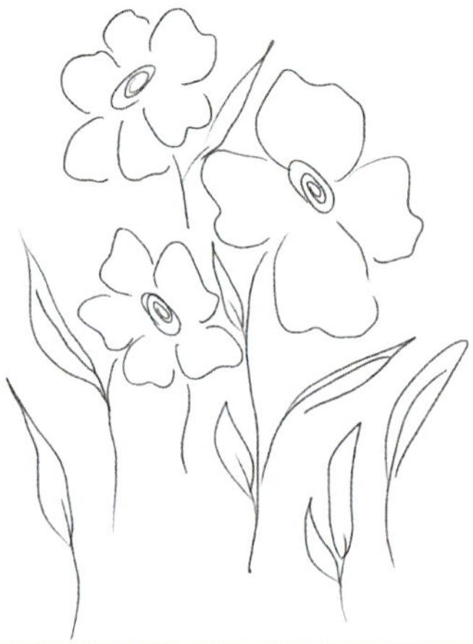

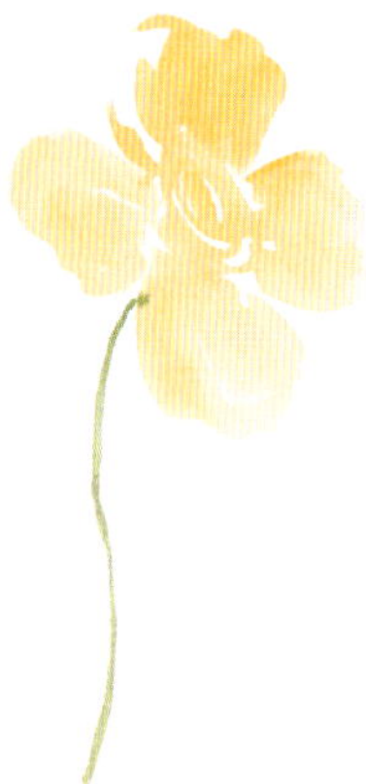

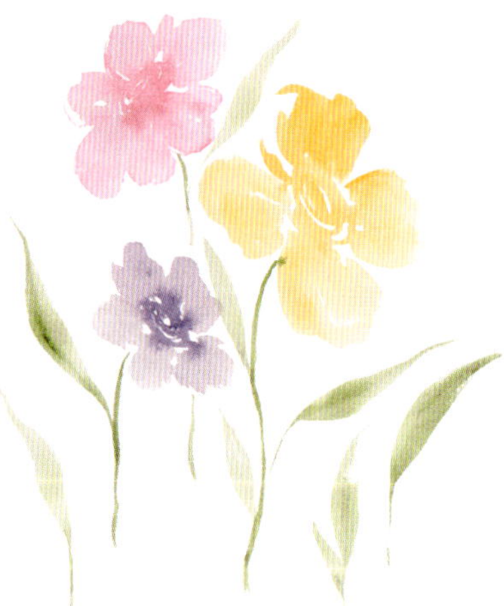

So geht's

1. Starte, wenn du möchtest, mit einer Skizze.

2. Bereite dir deine Farben nur leicht mit Wasser angemischt auf. Male mit dem Rundpinsel in Größe 8 in einer ovalen Form einen Wirbel. Es ist bei diesem Schritt sehr wichtig, dass du die Farbe nass und nicht zu trocken auf dem Papier aufträgst, denn sie soll in eine weitere Form fließen können.
Helle deine Farbe nun mit Wasser auf und setze um den Wirbel breite, kurze Blütenblätter, die sich mit dem bereits Gemalten verbinden. Ein kleiner Berührungspunkt reicht hier aus. Füge dem Wirbel in der Mitte dann etwas mehr Pigment hinzu, solange deine Formen noch feucht sind. So verstärkst du die Verläufe bis in die Blütenblätter.
Mit Grün ziehst du einen geschwungenen, etwas kräftigeren Stiel nach unten und spielst auch hier etwas mit dem Farbverlauf.

TIPP

Achte auf einen breiten Linienverlauf des Wirbels, so kann die Farbe besser fließen und der Trocknungsprozess verzögert sich.

3. Setze in weiteren Farben im selben Schema noch einige solcher Blüten rundherum. Starte gern mit einer Kombination aus drei Blüten und erweitere dein Motiv später beliebig.
Rund um die Blüten werden Gräser mit aufgehellter Farbe versetzt aquarelliert. Nun könnte deine Blüte für dich fertig erscheinen. Details können eine sehr schöne Zugabe sein, sind aber kein Muss.

TIPP

Die Blüten unterscheiden sich nicht nur im gewählten Farbton, ich lasse sie auch unterschiedlich groß werden, male die Formen immer etwas anders und neige die Blüten in verschiedene Richtungen.

4. Das noch etwas zurückhaltende transparente Grün darf mit kleinen Feinheiten mehr Präsenz erhalten. Bereite dazu den Grünton mit wenig Wasser auf, damit er möglichst farbintensiv bleibt. Mit dem Rundpinsel in Größe 2 nimmst du die Farbe auf und gestaltest die Gräser und Blätter fertig. Wie bei allen Detailarbeiten hältst du den Pinsel dafür sehr steil und malst mit wenig Druck.
   Füge den Blüten ebenfalls in den entsprechenden Farben feine Details hinzu. Du kannst auch den Wirbel in den Blüten nachziehen.

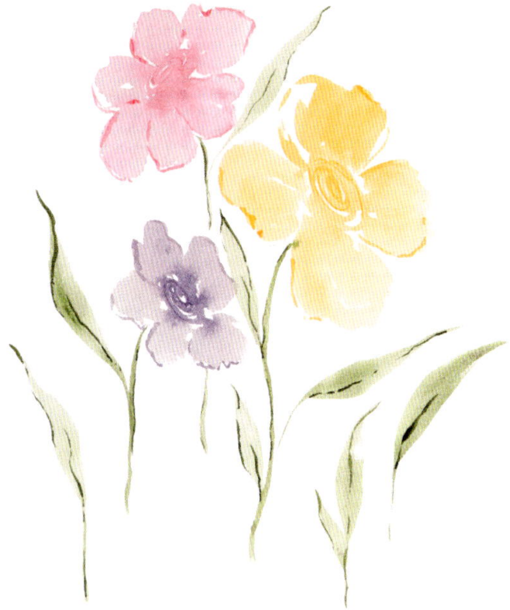

TIPP

Gehe immer mal wieder auf Abstand zum Bild und beobachte, wie sich die Details auf dein Motiv auswirken. Behalte im Auge, wann du davon ausreichend gemalt hast.

INSPIRATION

Sprenkel können insbesondere bei Gräsern oder Bildern mit viel Weißraum eine sehr schöne Brücke zu den einzelnen Elementen schaffen oder einfach sehr locker wirken. Nimm dazu einen größeren Pinsel und lass ihn viel Farbe aufsaugen. Halte den Pinsel über dein Blatt und schlage mit dem Zeigefinger ein paarmal gegen den Pinselstiel. Das Wasser wird aus dem Pinselhaar gesprenkelt und ein spannender Effekt entsteht.

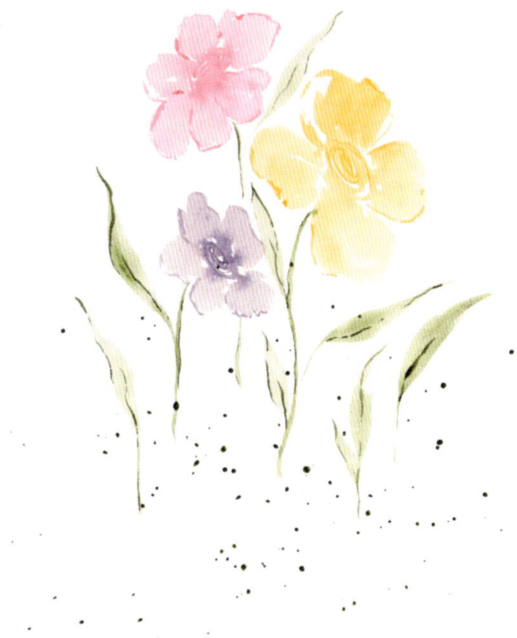

Morgenritual
SICH STÄRKEN

„Ich weiß, was ich brauche, und handle danach."

KENNST DU DAS?

Am Morgen guckt man bereits auf die Uhr, um schnell zur Arbeit zu kommen. Rasch einen Kaffee machen und sich kurz vorm Verlassen des Hauses fragen: „Habe ich heute schon Wasser getrunken?" Beim Bäcker dann noch eine Brezel kaufen und auf dem Weg zur Arbeit verschlingen. Das klingt schon beim Lesen nach Stress.

IDEE FÜR DEIN RITUAL

Nimm dir für die wichtigen Dinge Zeit. Sich morgens zu stärken, nicht nur mental, gibt dir Kraft für den Tag. Bereite dir morgens ein Frühstück zu und genieße es in Ruhe. Trinke dazu Wasser sowie ein Heißgetränk und genieße bei jedem Bissen deine erste Mahlzeit.

Nimm achtsam wahr, wie es dir an so einem Morgen geht, und danke dir selbst dafür, dass du dich gut um dich kümmerst. In Wahrheit können wir uns alle diese zehn bis fünfzehn Minuten Zeit nehmen und erhalten als Geschenk einen kraftvollen Tagesstart.

Abendritual

MIT DEM HERZEN DENKEN

„Mein Herz meint es immer aufrichtig."

KENNST DU DAS?

Vieles wurde heute gesagt, vieles jedoch nicht. Da sind Emotionen, da sind Begegnungen und ein ständiger Lauf von einer zur nächsten Aufgabe. Dabei ist es so einfach, den Menschen, die wir lieben, eine Freude zu machen. Sie nicht zwischen all dem, was wir sonst tun, zu vergessen, wenn wir mit dem Kopf bei so vielen Dingen sind.

IDEE FÜR DEIN RITUAL

Nimm dir ein paar deiner bereits gemalten Motive und schneide sie bei Bedarf etwas zu. Gerade so, dass du sie als Karte verwenden kannst. Schließe deine Augen, denke an jemand Bestimmtes und wähle statt dem Kopf dein Herz, mit dem du denkst. Was möchtest du diesem Menschen sagen? Fühle hin und schreibe es auf die Karte. Verschenke sie bei der nächsten Gelegenheit oder versende sie am nächsten Tag. Damit machst du nicht nur jemand anderem eine Freude, du schenkst auch deinem Leben noch mehr Liebe.

BLUMEN *für dich*

Blumen in der Vase – eine prächtige Motividee. Sie könnte vielfältiger nicht sein und transportiert so viele Botschaften, Muster und Gefühle. Die Vase kann auch als Objekt für Worte und zum Ausprobieren von Mixed Media genutzt werden.

SELFCARE-WATERCOLOR-MOMENT

Kleinigkeiten können viel in Bewegung bringen.

MATERIAL

PAPIER

Hahnemühle Expression Matt, 24 × 30 cm

PINSEL

Van Gogh Rundpinsel 191 Gr. 2

DaVinci Casaneo Verwaschpinsel Gr. 0

AQUARELLFARBEN

Opernrosa von Daniel Smith

Aussie Rotgold von Daniel Smith

Mondblau von Daniel Smith

Nickelgelb Azo von Daniel Smith

Echtes Apatitgrün von Daniel Smith

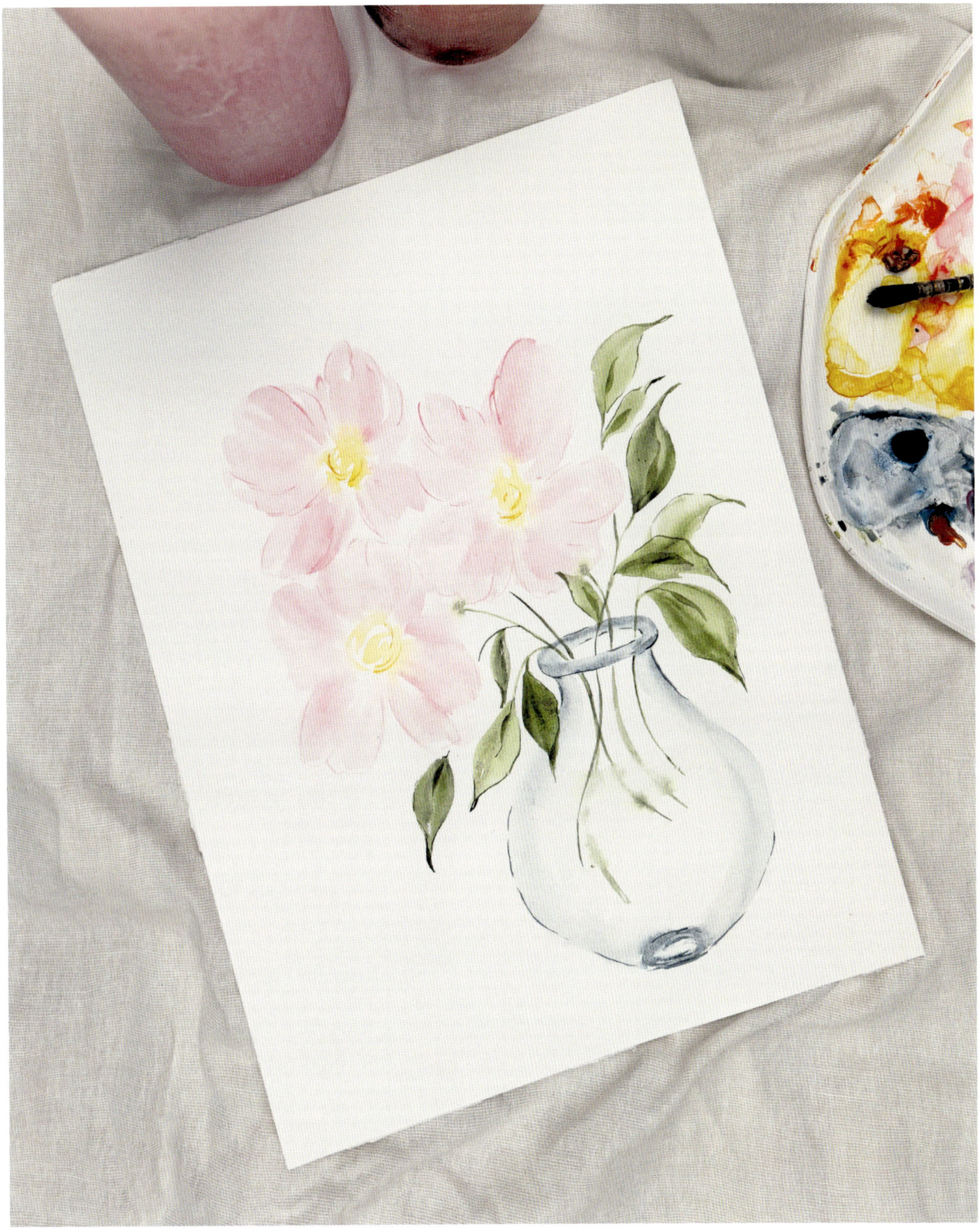

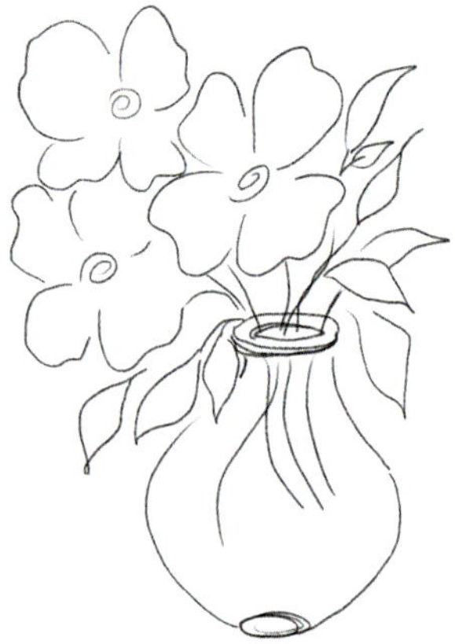

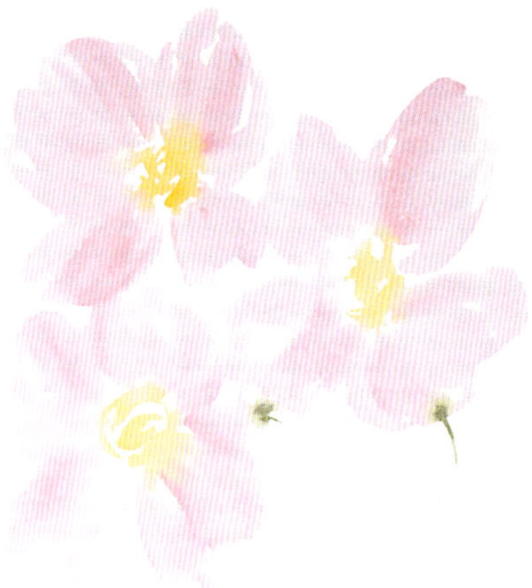

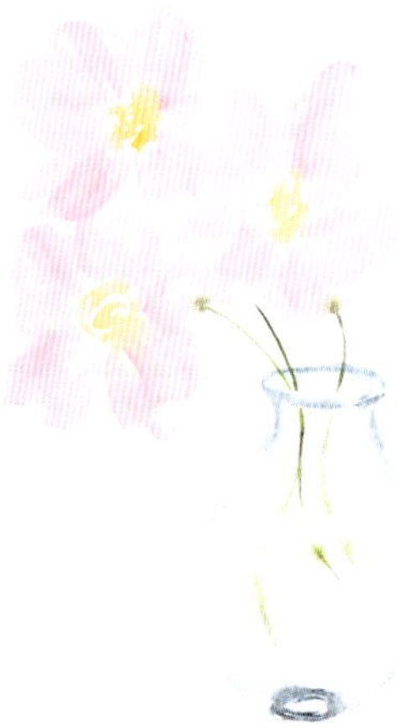

So geht's

1. Als Hilfestellung kannst du mit einer Skizze starten.

2. Greife zum Verwaschpinsel in Größe 0 und bereite dir die Aquarellfarbe vor. Mische das Gelb etwas mit dem Orange und helle es mit Wasser auf. Male dann damit dein Blüteninneres, indem du kreisförmig C-Formen ineinandergreifen lässt. Jede Linie soll sich hier mit einer anderen berühren, sodass Farbe fließen kann. Male relativ nass und lass dabei als Gesamtbild einen Wirbel entstehen. Du kannst diesen Schritt für alle drei Blüten umsetzen. Wichtig sind die Weißräume und die runde Form des Blütenstempels.

TIPP

Male deine Blütenstempel nicht zu dicht nebeneinander. Denke an die Blütenblätter, die noch dazukommen.

Mit einem wässrigen Opernrosa werden die bauchigen Blütenblätter ringsum aquarelliert. Spiele etwas mit den Farbverläufen und tupfe intensiveres Opernrosa stellenweise nach. Lass die Farben fließen und verbinde die Blütenblätter mit dem noch feuchten Blütenstempel. Nutze die feuchte Fläche und tupfe Grün an die Stellen, wo ein Stängel hervorkommen soll.

3. Für die Vase malst du zwei ovale Ringe mit einem wässrigen, aufgehellten Mondblau. Die Öffnung oben etwas größer, den Boden kleiner. Wasche den Pinsel aus und ziehe nun, mit fast reinem Wasser, links und rechts eine Verbindung von der oberen zu der unteren ovalen Form. Ziehe jeweils eine schön geschwungene Linie, sodass deine Vasenform entsteht.

4. Als Nächstes kannst du die Vasenform nach innen etwas verstärken und dafür weitere Linien mit fast klarem Wasser ziehen. Tupfe das Mondblau stellenweise in die nasse Fläche und lass es fließen. Stelle das Wasser in der Vase dar, indem du ungefähr in der Mitte der Vase einen breiten wässrigen Balken von links nach rechts ziehst. Male mit einem Rundpinsel in Größe 2 und dem Grün die Blütenstängel. Die Vase darf noch immer im feuchten Zustand sein und die Stängel dürfen in der Vase ab der Wassergrenze verlaufen. Achte aber darauf, dass du die Vorderseite der Vasenöffnung nicht übermalst, denn diese liegt perspektivisch vor den Stielen.

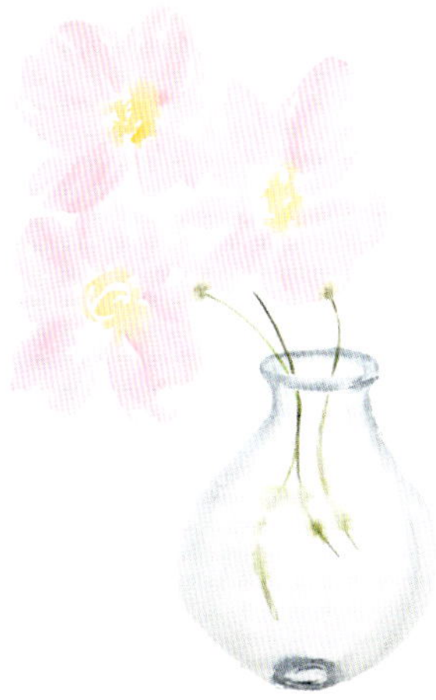

5. Befülle dein Stilllebenmotiv nun mit Blattwerk. Male dazu mit dem Verwaschpinsel in Größe 0 sehr zarte Zweige von außen in die Vase hinein. Sollte dein Wasser in der Vase bereits getrocknet sein, feuchte die Zweige noch mal vorsichtig an. Achte dabei auf wenig Druck am Pinsel, da du sonst die Pigmente zu stark vermalst. Tauche den Verwaschpinsel großzügig in deinen Grünton ein. Sauge viel Farbe mit dem Pinselhaar auf und streife den Pinsel am Rand deiner Malpalette ab. Setze nun breite Blätter an den Zweigen.

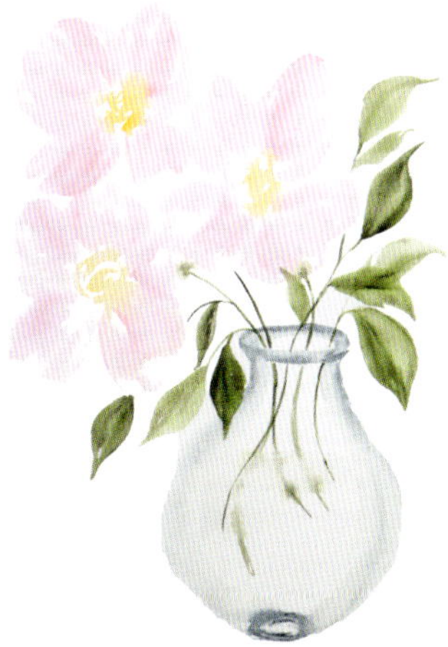

6. Nun geht es zu den Details. Mische Mondblau mit ein wenig Wasser an. Halte den Pinsel im 90-Grad-Winkel zum Papier und setze immer wieder, mit kaum Druck auf dem Pinsel, auf dem Papier an und male ganz locker und sanft die Ränder der Vase nach. Setze auch die restlichen Details in den Blüten und Blättern. Konzentriere dich bei den Blüten besonders darauf, dass jede Linie, die du ziehst, einen Schwung hat und die Blütenform unterstreicht. Die Linien, die du nun malst, gehen mit der Blütenform mit und nicht gegen sie.

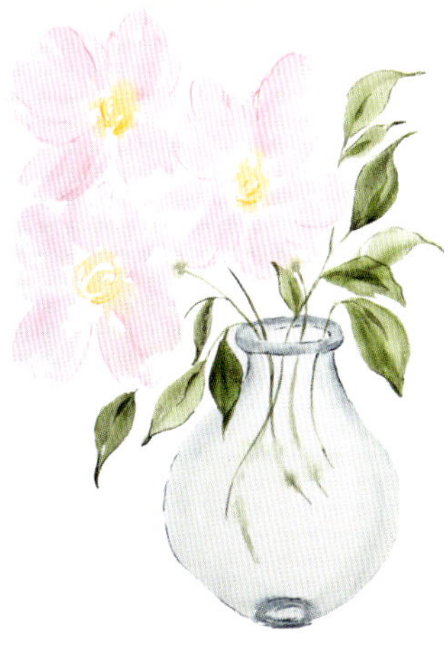

Morgenritual

WOHLFÜHLEN

„Es ist mein Weg. Ich folge ihm."

KENNST DU DAS?

Wenn du abends zu Bett gehst und die Decke noch von der letzten Nacht verknuddelt daliegt, dann wirkt dies nicht sehr einladend, sich hier fallen zu lassen. Man hat das Bedürfnis, das Bett noch vor dem Schlafengehen zu machen, um sich dann einzukuscheln. Die Unordnung erst ordentlich zu machen unterbricht den Wohlfühlfaktor.

IDEE FÜR DEIN RITUAL

Plane als fixe Routine am Morgen ein, das Bett zu machen. Einmal die Polster aufschlagen, die Decke sorgfältig aufbereiten und umschlagen. Den Raum mit Licht durchfluten und die Fenster weit öffnen. Hier entsteht sofort ein Gefühl von „Ich freue mich auf mein Bett". Es sind oftmals die ganz einfachen Dinge, die das Leben erlebbar und schön machen.

Abendritual

DINGE ANDERS TUN

„Mein Leben zeigt mir viele wunderschöne Wege, die ich gehen darf."

KENNST DU DAS?

Das habe ich schon immer so gemacht. So gehört das getan. Sätze, die wir als Kind schon schrecklich fanden, finden plötzlich im Erwachsenenleben ihren Platz im eigenen Wortschatz. Es sind Muster und Lernerfahrungen, die tief in uns verankert sind und sich gern sehr stark zu Wort melden. Veränderung kann nicht nur im Innen, sondern auch im Außen passieren. Komme auch dafür ins Handeln.

IDEE FÜR DEIN RITUAL

Führe deine Abendroutine im Badezimmer in einer anderen Reihenfolge aus und nimm dabei ganz bewusst wahr, wie oft du dabei unbewusst in die Gewohnheit fällst. Nimm diese Situation ganz besonders als Lernerfahrung für dich wahr. So kannst du dir vorstellen, wie viel Fokus und Konzentration deine Veränderung wirklich braucht und wie wichtig deine Hingabe dafür ist.

Nimm diese Übung ganz locker und habe Spaß daran, dich dabei zu ertappen, wie du in dein „Muster" fällst. Es ist und bleibt eine Badezimmerroutine, doch du lernst womöglich, Grenzen zu durchbrechen.

EINFACH *erblühen*

Florale Motive und Selfcare-Watercolor leben oft von einfachen und luftig leichten Pendelbewegungen. Es braucht nicht viel – erinnere dich an meine Metapher zu Spiegelei, Kidneybohnen und Donuts. Dieses Menü kannst du einfach blühen lassen.

SELFCARE-WATERCOLOR-MOMENT

Einfach sein ist gut genug.

MATERIAL

PAPIER

Hahnemühle Expression Matt, 24 × 30 cm

PINSEL

Van Gogh Rundpinsel 191 Gr. 2

DaVinci Casaneo Verwaschpinsel Gr. 0

AQUARELLFARBEN

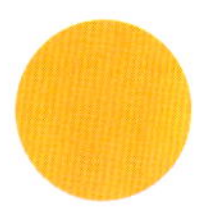

Aussie Rotgold von Daniel Smith

Mondblau von Daniel Smith

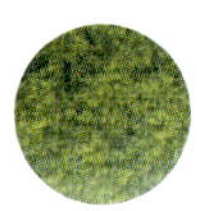

Seegrün von Daniel Smith

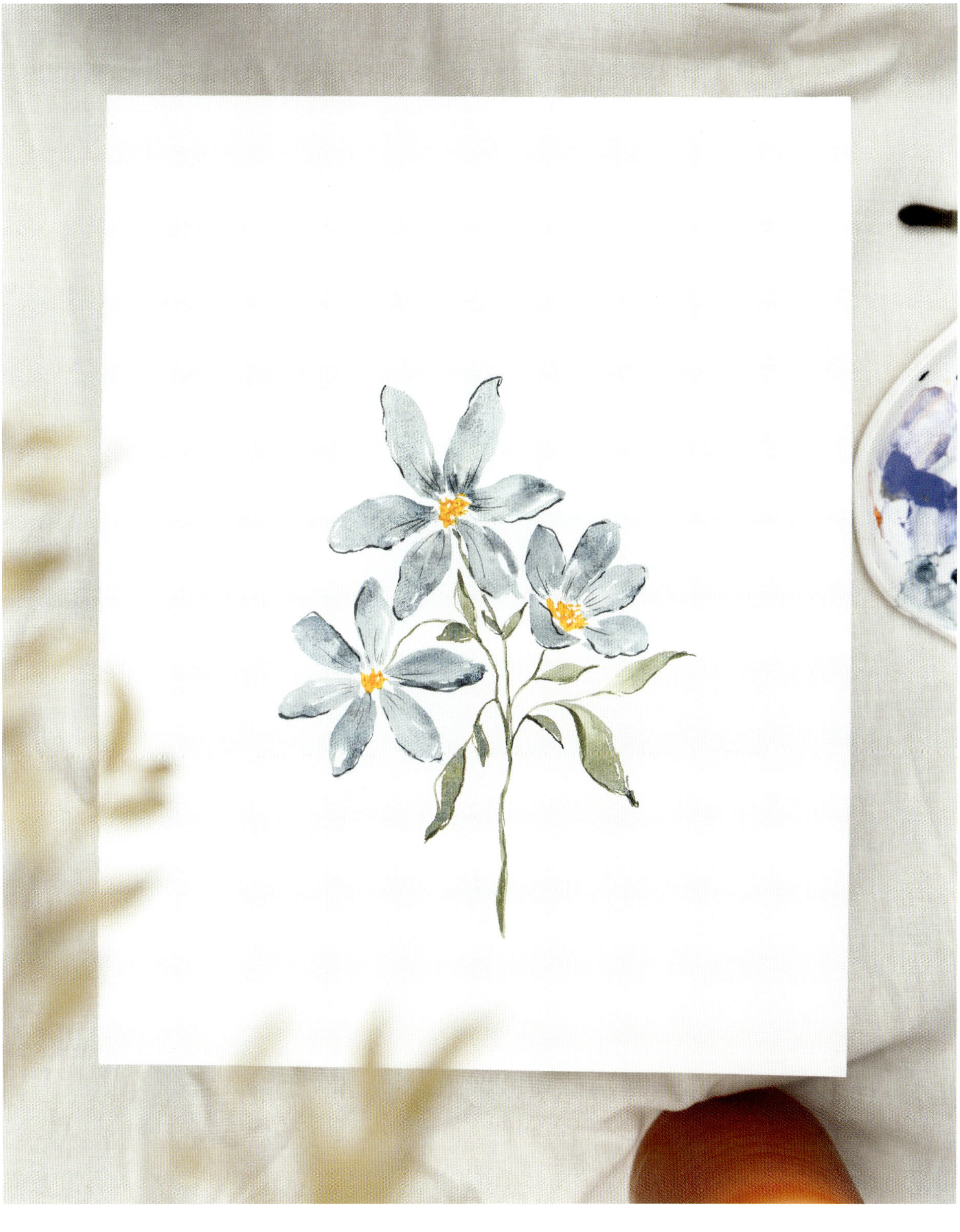

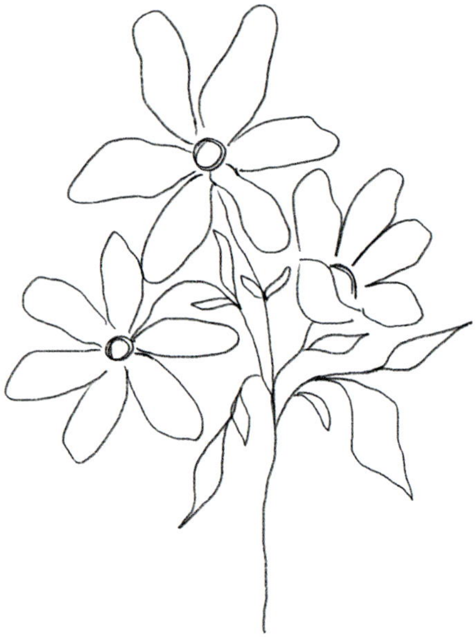

So geht's

1. Als Hilfestellung kannst du mit einer Skizze anhand von Grundformen starten.

2. Nimm deinen Verwaschpinsel zur Hand und tupfe an drei Stellen deines Papiers Blütenstempel mit dem aufgehellten Aussie Rotgold. Achte etwas auf Weißräume und lass sie unterschiedlich groß werden. Setze nun an den zwei links liegenden Blütenstempeln die Blütenblätter. Bleibe bei deinem breiten Verwaschpinsel und nutze dafür ganz gezielt die Form der Pinselspitze. Nun ist wichtig, dass du nicht zu viel Druck beim Ziehen der Blütenblätter ausübst, sondern durchweg relativ locker im Handgelenk bleibst und nur mit sanftem Druck arbeitest.

TIPP

Gerade bei sehr einfachen Formen können kleine Schlenker mit dem Pinsel oder unterschiedliche Ausrichtungen deiner Blütenblätter sehr viel ausmachen. Sie lassen das Motiv spannender wirken.

Dann widme dich auch der dritten Blüte und ziehe unter dem Blütenstempel auf etwa sieben Uhr einen schmalen Mond oder ein liegendes C. Um den restlichen Blütenstempel malst du weitere Blütenblätter. Siehe dir diese spannende Perspektive an und erfreue dich an deinem Tun.

3. Ziehe die Stängel und setze gern bereits einige Zweige mit Blättern dran.
Für die Stiele nutze den Rundpinsel und für die grünen Blätter wechsle wieder zum Verwaschpinsel.

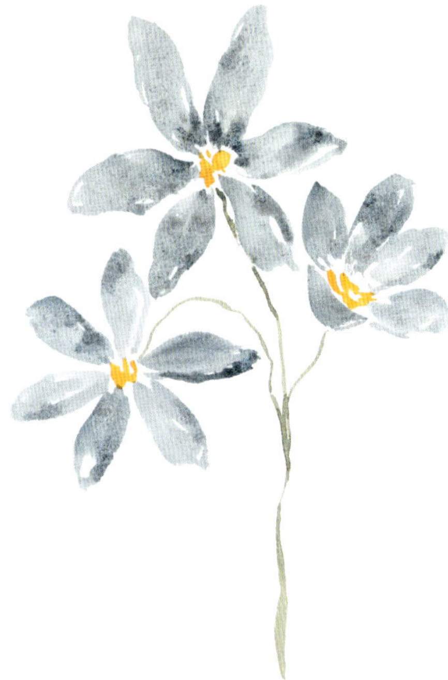

TIPP

Womöglich verlangt deine Anordnung etwas mehr von den Zweigen oder weniger Blätter. Lass dich von deiner Intuition leiten.

Bei Selfcare-Watercolor geht es um das achtsame Ritual des Malens. Beobachte immer wieder auch nur die Farben, die ineinander verlaufen und siehe dir die Facetten eines Farbtons intensiv an. Genau diese Aufmerksamkeiten lassen dich noch mehr im Prozess ankommen.

4. Tauche den Rundpinsel in den Orangeton mit wenig Wasser und erarbeite durch feines Tupfen Tiefe und Struktur in den Blütenstempeln. Weniger ist mehr, daher tupfe langsam und bewusst.
Die Blütenblätter werden ebenfalls mit Details noch mal aufgegriffen. Dabei entscheide ich immer wieder aufs Neue, wie ich beginne und auf welche Details ich mich konzentrieren möchte. Hier habe ich jeweils eine Hälfte der Blütenblätter nachgezogen und feine, leicht gebogene Innenlinien gemalt. Dabei bleibt mein Pinsel im 90-Grad-Winkel zum Papier und wird mit wenig Druck über das Papier geführt.
Auch an den grünen Blätter werden mit einem dunkleren Grünton Linien gesetzt, um das Motiv vollständig auszuschmücken.

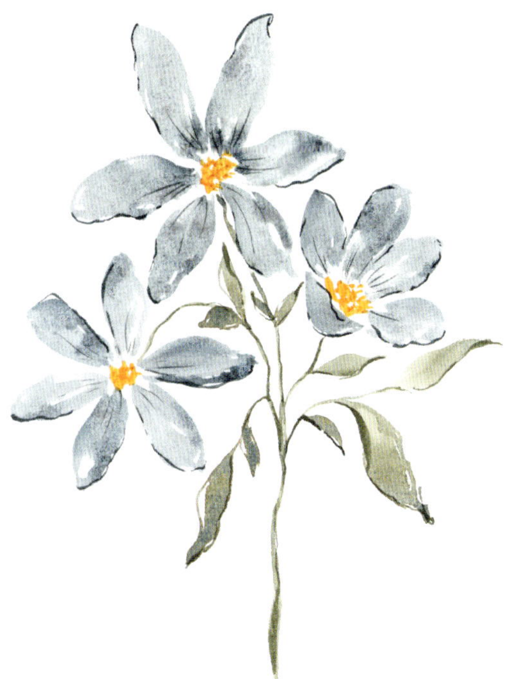

Morgenritual

FRÜHER VOGEL

„Jede Entscheidung, die ich für mich treffe, bringt mich meinen Zielen näher."

KENNST DU DAS?

Du weißt genau, was dir schon am Morgen guttun würde und wie du deinen Tag bestens startest. Doch du fragst dich, wann soll ich das alles tun? Dazu las ich mal ein Buch mit dem Titel „Power Hour" von Adrienne Herbert. Es geht darum, jeden Morgen bereits etwas für sich selbst zu tun. Dafür braucht es ein Ritual, das zur Routine wird.

IDEE FÜR DEIN RITUAL

Überlege ehrlich, wann du täglich aus dem Bett kommst, um pünktlich und ohne Stress deinen Aufgaben nachzugehen. Nun stelle dir den Wecker eine Stunde früher und starte mit deiner Power Hour. Eine Stunde des Tages, die ganz allein dir gehört. Eine Stunde, in der du all den Routinen nachgehen kannst, die dir guttun, ohne dass ein Stressgefühl für dich entsteht. Du wirst merken, wie wertvoll diese Stunde ist. Das einzig Wichtige ist, dass du mit dem Weckerklingeln aus dem Bett aufstehst.

Schließe deine Power Hour mit einem Bild aus dem Buch ab.

Abendritual

INS TUN KOMMEN

„Jeden Tag aufs Neue gebe ich meinen Wünschen Raum."

KENNST DU DAS?

Du nimmst dir schon lange etwas vor und sprichst von einer Veränderung. Monate später bist du noch immer nicht ins Tun gekommen und sprichst nach wie vor davon. Was, wenn du das in einem Moment verändern kannst?

IDEE FÜR DEIN RITUAL

Nimm dir ein Blatt Papier und notiere dir, was du dir wirklich schon lange vornimmst. Frage dazu auch dein Herz, was es will. Wähle aus deiner Liste eine Sache und setze den ersten Schritt dafür noch heute um. Mache den Anruf, schreibe diese E-Mail, besorge das Material … Gehe los, komm ins Tun und gib so deinen Wünschen Raum in deinem Leben.

Wähle ein Motiv aus dem Buch, das du im Anschluss malst, und nimm wahr, wie gut du dich fühlst, losgegangen zu sein.

NATÜRLICHE *Ordnung*

Tatsächlich ist Ordnung eines der natürlichsten Dinge der Welt. Die Natur macht es uns immer wieder vor: Von der Fotosynthese bis zu den Jahreszeiten funktioniert alles nach einer bestimmten Ordnung. Daher sollte es naheliegend sein, auch Gedanken zu ordnen. Diese Ordnung spiegelt sich im Motiv wider.

SELFCARE-WATERCOLOR-MOMENT

Ordnung bringt innere Ruhe.

MATERIAL

PAPIER

Hahnemühle Expression Matt, 24 × 30 cm

PINSEL

Van Gogh Rundpinsel 191 Gr. 2

Van Gogh Rundpinsel 191 Gr. 8

DaVinci Casaneo Verwaschpinsel Gr. 0

AQUARELLFARBEN

Mondblau von Daniel Smith

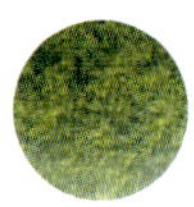

Seegrün von Daniel Smith

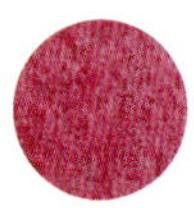

Quinacridon Magenta von Daniel Smith

291 Titanbuff von Van Gogh

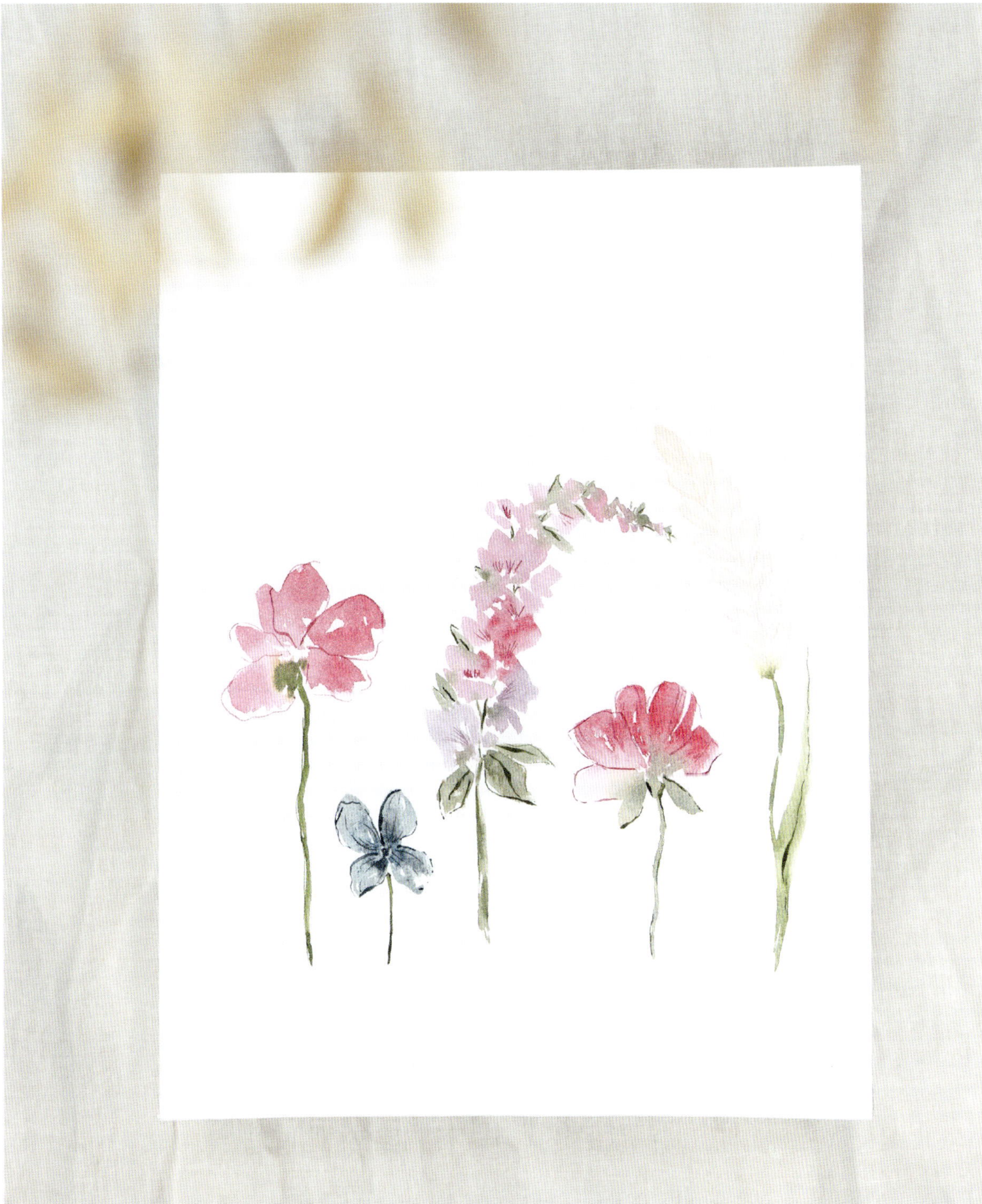

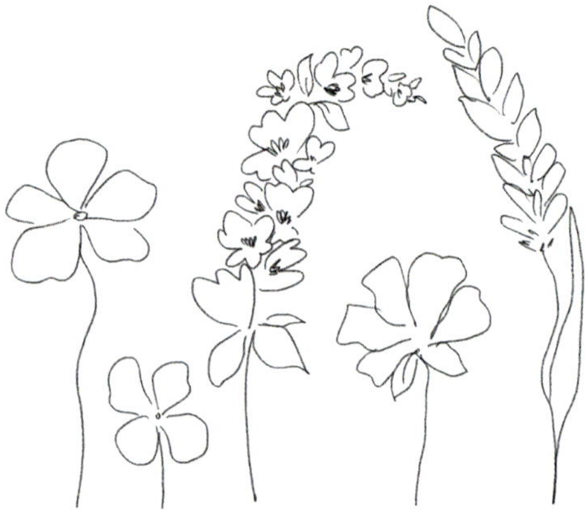

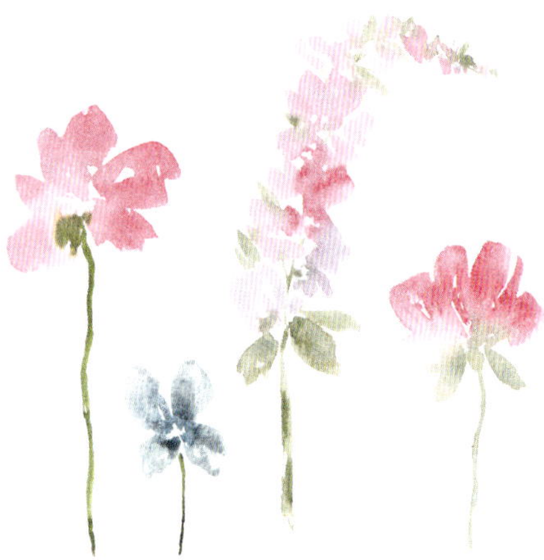

So geht's

1. Als Hilfestellung kannst du mit einer Skizze starten.

2. Bereite dir den Grünton vor, je nach Belieben kannst du ihn aufhellen. Ziehe die Farbe mit dem Rundpinsel in Größe 2 in einem Bogen nach oben als feine Hilfslinie. Gehe nun mit dem Verwaschpinsel in Größe 0 abwechselnd in das aufgehellte Magenta und das Seegrün und male breite, kurze Pinselschwünge wie Farbkleckse um deine Hilfslinie. So entstehen sehr grobe Blütenformen, welche du anschließend mit dem Grünton durch kleine Linien teilweise verbindest. Ziehe den Blütenstängel etwas breiter nach und setze noch ein paar Blätter dran.

TIPP

Lass in das Magenta etwas vom Mondblau fließen und greife so eine spannende Mischung in Richtung Violett auf.

3. Nachdem die erste Blüte auf dem Papier ist, können die nächsten Blüten folgen. Für den Effekt der Ordnung achte auf die Abstände zwischen den einzelnen Blumen und lass sie auf einer Ebene stehen, indem du die Stängel gleich lang nach unten ziehst.
Male für die zweite Blume links neben der ersten mit dem Mondblau einen kleinen Punkt, aus dem vier Blütenblätter ragen. Tauche mit dem Verwaschpinsel wieder in deine Magentafarbe und rücke noch mal etwas weiter nach links auf deinem Blatt. Dort malst du etwas höher sehr locker erscheinende Blütenblätter und lässt die grüne Farbe des Stiels, den du nach unten ziehst, in eine der Blüten verlaufen. Male deine Elemente relativ feucht, sodass du immer wieder etwas an Pigmenten nachtupfen kannst.

Dieselbe Blüte, nur etwas weiter unten dargestellt, aquarellierst du nun auf der rechten Seite im Anschluss der Blütenreihe. Du kannst ein feines Merkmal, wie grüne Blätter am Blütenansatz, noch hinzufügen, um sie von der linken Blume etwas abzuheben.
Beobachte die wunderschönen und zarten Verläufe, die in deiner Ordnung entstehen.

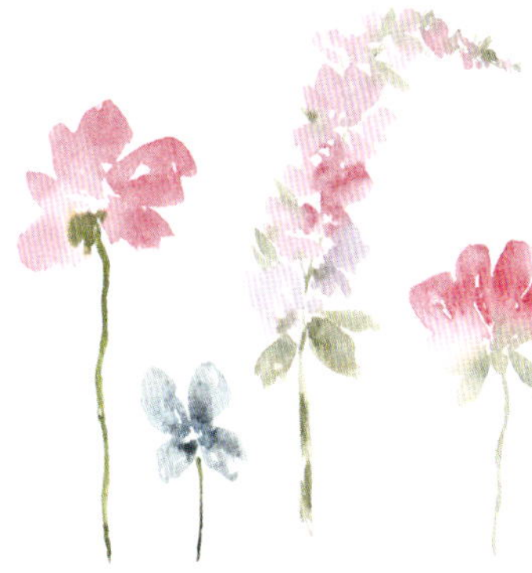

4. Nun aquarellierst du die letzte Blume ganz rechts. Ähnlich wie bei der ersten Blume dieses Motivs kannst du mit Titanbuff und dem Rundpinsel eine Hilfslinie für die Platzierung der Blütenblätter ziehen.
Verdünne Titanbuff mit etwas Wasser, da dieser Farbton deckend und schwer ist. Das bedeutet, dieser fließt nicht so schnell wie andere und für zarte Farbverläufe braucht es hier etwas mehr Gefühl. Nutze den Rundpinsel in Größe 8 wie einen Stempel und platziere die Blütenblätter entlang der Hilfslinie.
Tauche in das Grün und setze am unteren Ende im nassen Titanbuff an, um einen Farbverlauf entstehen zu lassen. Ziehe den Stiel nach unten und male dann ein schmales Blatt nach oben.

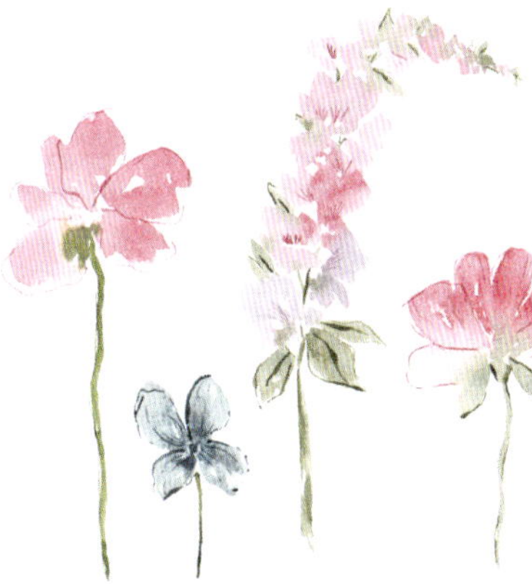

5. Füge mit deinem Rundpinsel in Größe 2 alle Details hinzu. Achte auf sehr zarte und geschwungene Linien, die sich nach Leichtigkeit anfühlen. Ich setze bei Outlines immer wieder ab und lasse kleine Abstände zwischen den Linien. Außerdem spiele ich bei solchen Details auch immer wieder gern mit dem Druck auf den Pinsel.

TIPP

Wenn du dir beim Setzen der Linien unsicher bist, dann übe noch mal feine Linien auf einem extra Blatt Papier. Solche Pinselübungen dürfen immer Bestandteil deiner Malsession sein.

Morgenritual
AKTIVIEREN

„Jeden Tag aufs Neue fühle ich mich aktiviert."

KENNST DU DAS?

Du sitzt vor deinen Aquarellfarben und erblickst die wunderschöne Vielfalt. Jeder Farbton hat etwas Besonderes an sich und es lassen sich zahlreiche Kombinationen umsetzen, die dich erstaunen lassen. Doch um genau das erleben zu können, braucht die Farbe etwas Wasser. Erst dann zeigt sie ihre wahre Schönheit.

IDEE FÜR DEIN RITUAL

Aktiviere nicht nur deine Farben, sondern auch dich selbst, um dich von deiner schönsten Seite zeigen zu können. Ein einfaches Glas Wasser nach dem Aufstehen wirkt hier wahre Wunder. Schluck für Schluck erwachst du und bringst dich in Schwung. Nimm bei jedem Schluck Wasser wahr, wie es dir geht und wie gut du dich heute fühlst. Siehe das Gute, das vor dir liegt, und umarme schon jetzt all die schönen Überraschungen des neuen Tages.

Abendritual

FRISCHER WIND

„Mit jedem Tag, den ich mit einem guten Gefühl abschließe, komme ich noch mehr bei mir selbst an."

KENNST DU DAS?

Den ganzen Tag über war es stressig, und wie schön wäre es nun, einfach auf dem Sofa einen Film zu schauen. Oft hört sich das romantischer an, als es tatsächlich wird. Man kann sich nicht entscheiden, fängt eine Serie zu gucken an, kann nicht mehr aufhören und sieht fern, bis man auf dem Sofa einschläft. Irgendwann wandelt man ins Bett. Klingt das nach einem erholsamen Abend?

IDEE FÜR DEIN RITUAL

Kümmere dich um die wirklich wichtigen Dinge, um einen erholsamen Abend zu haben.

Schaffe etwas Ordnung, öffne noch mal die Fenster im Schlafzimmer und lass frische Luft rein. Dehne dich und spüre deinen Körper ganz bewusst. Schaffe Stille im Raum und höre hin, was du wahrnimmst. Male noch ein Motiv aus diesem Buch und beobachte deine Farben. Gehe vor allem ganz bewusst zu Bett und finde dort die Ruhe zum Einschlafen.

Solche Übungen können uns so viel mehr in unsere Mitte kommen lassen, als stundenlang vor dem Fernseher zu sitzen, um Bingewatching zu betreiben.

MEDITATIVES *Erleben*

Meditation hat nichts mit einem Meditationskissen und überkreuzten Beinen im Sitzen zu tun. Es geht um den Fokus – etwas, was ich dir bereits im Grundlagenteil näherbringen durfte. In diesem Projekt fügen sich wundervolle Elemente zusammen, die genau hierzu einladen: sich meditativ treiben zu lassen.

SELFCARE-WATERCOLOR-MOMENT

Farben erhellen unser Wesen.

MATERIAL

PAPIER

Stifteliebe Quadratisches Aquarellpapier, 24 × 24 cm

PINSEL

Van Gogh Rundpinsel 191 Gr. 2

Van Gogh Rundpinsel 191 Gr. 8

DaVinci Casaneo Verwaschpinsel Gr. 0

AQUARELLFARBEN

Opernrosa
von Daniel Smith

Aussie Rotgold
von Daniel Smith

Nickelgelb Azo
von Daniel Smith

Mondblau
von Daniel Smith

Echtes Apatitgrün
von Daniel Smith

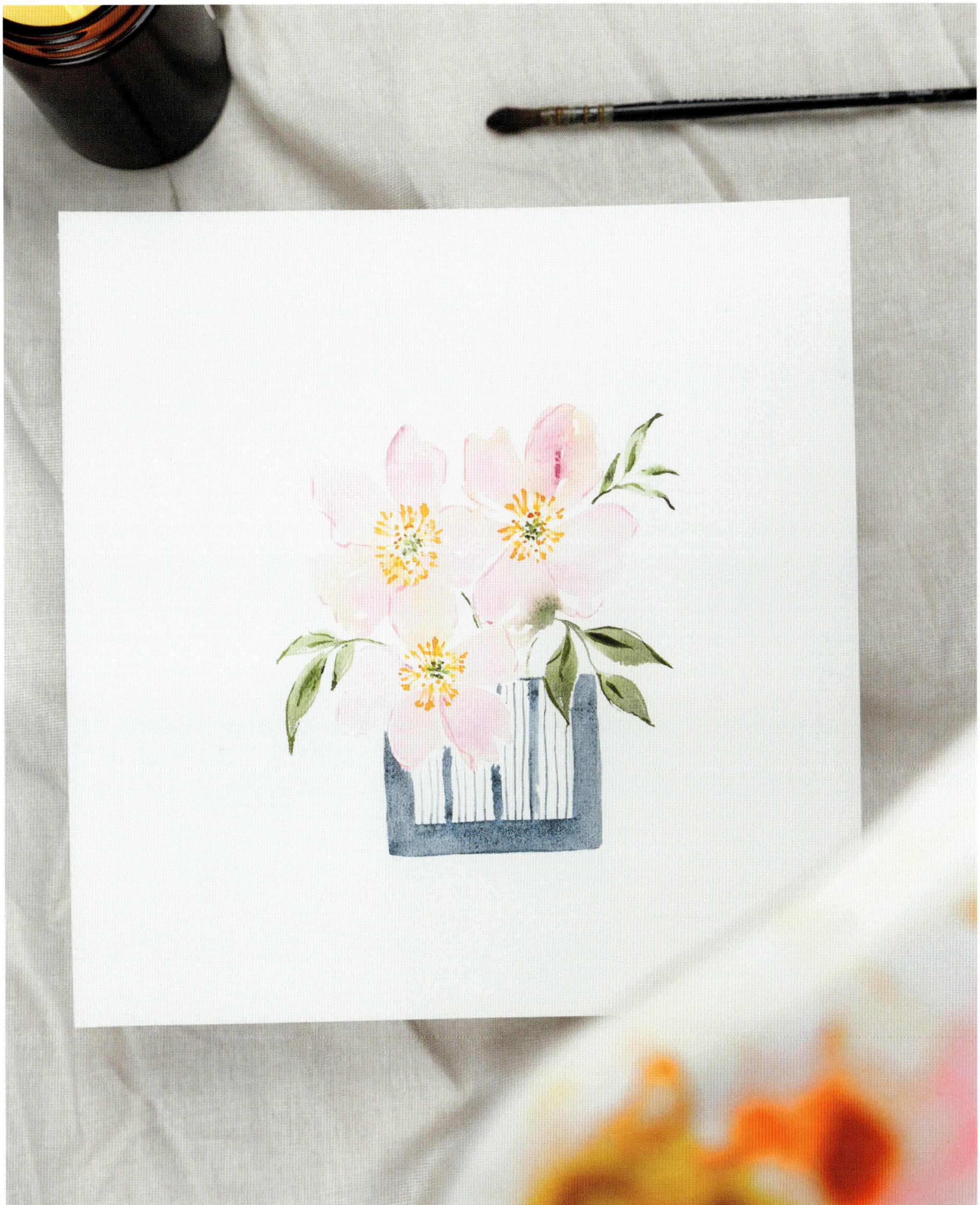

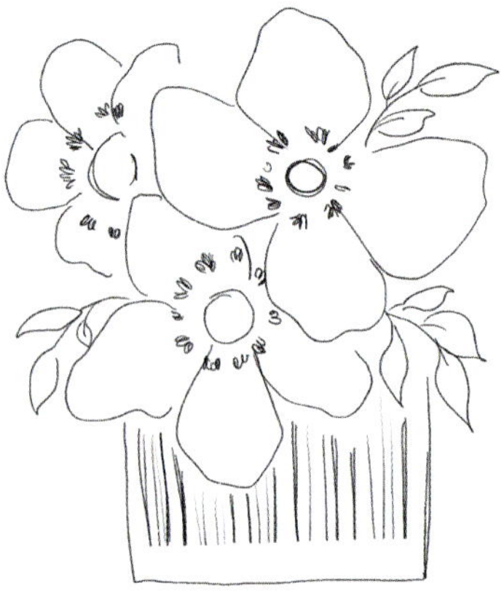

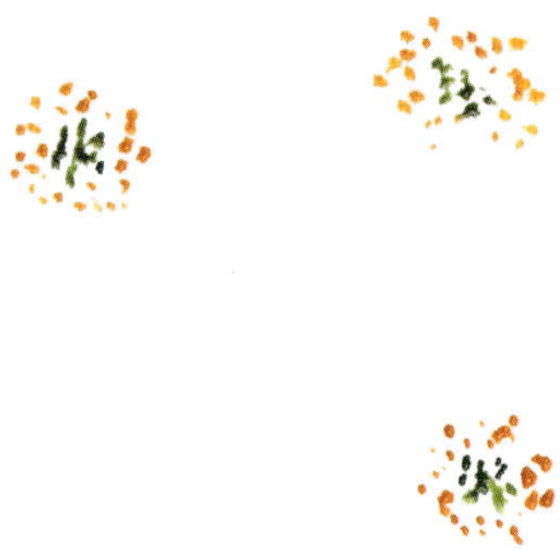

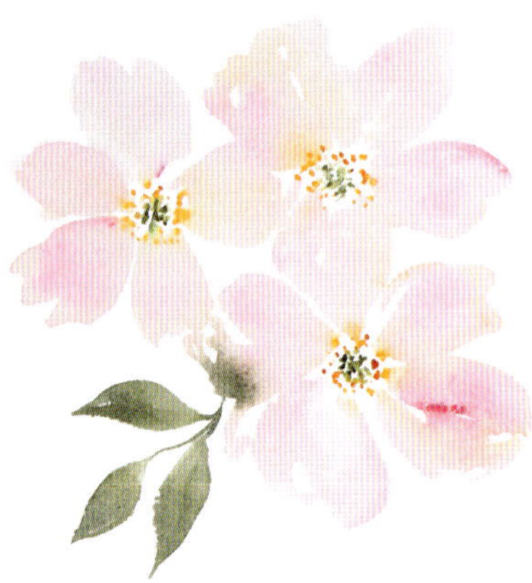

So geht's

1. Als Hilfestellung kannst du mit einer Skizze anhand von Grundformen starten.

2. Beginne mit den Blütenstempeln und tupfe dazu Farbe kreisförmig auf dein Papier. Nimm dir deinen Rundpinsel in Größe 2 zur Hand, beginne in der Mitte mit dem Grün und wechsle für den Außenring zum Orangeton. Wende diesen Vorgang an drei Stellen deines Papiers an und orientiere dich hier gern an der Skizze.

TIPP

Halte die Tupfen nass, denn diese sollen sich im nächsten Schritt mit den Blütenblättern verbinden.

3. Nun wechsle zum Verwaschpinsel und mische dir das Opernrosa an. Helle es mit Wasser auf und male dann mit der vollen Breite deines Pinsels bauchige Blütenblätter. Ziehe die Blütenblätter bis zu deinen Tupfen, um interessante Farbverläufe entstehen zu lassen.

TIPP

Du kannst immer wieder mit der Pinselspitze zusätzlich in ein weniger aufgehelltes Opernrosa mit dem Pinsel tauchen, um am Pinselhaar unterschiedliche Intensitäten der Farbe zu haben. Das bringt einen tollen Effekt beim Malen.

Setze im noch nassen Zustand des Bildes erste grüne Zweige und lass den Grünton sich hier ebenfalls mit dem Blütenblatt verbinden. Diese Verläufe sind ganz typisch für Watercolor und erinnern dich immer wieder an das Loslassen.

4. Bewundere das Farbspiel der Blüten und lass sie trocknen. Helle dir dann den Blauton mit etwas Wasser auf. Wasche deinen Verwaschpinsel sorgfältig aus und tauche ihn in die Farbe. Ziehe nun einen rechteckigen, breiten Rahmen als Blumentopf. Tupfe etwas mit dem Blau nach und lass schöne Effekte entstehen.
Ziehe mit der Pinselspitze ein paar feinere Linien nach oben und kreiere so ein lockeres Streifenmuster. Mit dem Rundpinsel in Größe 2 ziehst du hauchdünne Linien in den Zwischenräumen.

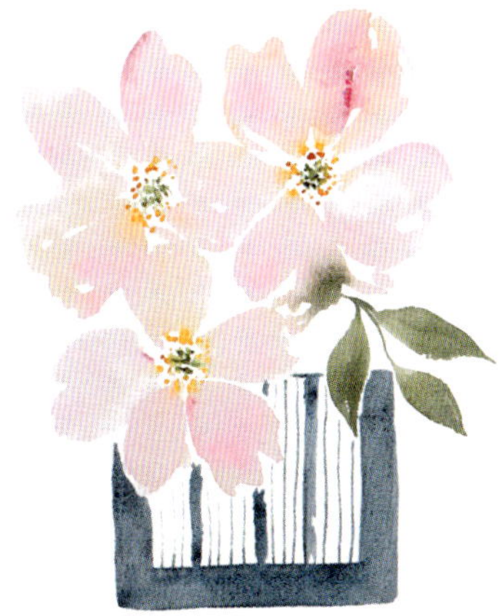

TIPP

Das Mondblau ist ein granulierender Farbton und entwickelt sich nach kurzer Zeit auf dem Papier. Schenke diesem Schauspiel deine Aufmerksamkeit und komme im Selfcare-Watercolor-Prozess voll an.

5. Füge deinem Motiv mit dem Rundpinsel in Größe 2 und Größe 8 weitere Zweige und Blätter hinzu. Male so viele Blätter, bis für dich ein harmonisches Bild entsteht. Womöglich ist deine Proportion etwas anders geworden. Vergleiche dich nicht und konzentriere dich voll und ganz auf dein Papier. Für mehr Tiefe im Bild greife nun zum Rundpinsel in Größe 2 und setze Details. Lass dein Bild dafür zunächst vollständig trocknen, um klare Linien zu erhalten. Bearbeite zuerst deinen Blütenstempel. Mit dem Grünton und dem Orange kannst du eine weitere Schicht Tupfer setzen und einen weiteren Ring über die Blütenblätter malen. Verbinde danach die Farben vom äußeren Ring mit den Tupfern innen.
Male danach Outlines an den Blütenblättern und setze Details am Blattwerk. Vertiefe dich ganz in deinen eigenen Prozess. Selfcare-Watercolor ist mehr als das Malen eines Bildes.

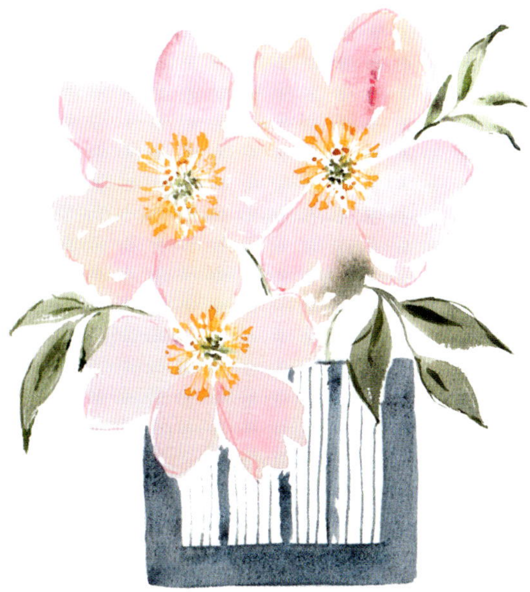

Morgenritual
ERKENNEN

„Ich erkenne immer das Licht auf meinem Weg."

KENNST DU DAS?

Du arbeitest an dir, kümmerst dich um dich selbst und versuchst, alten Gewohnheiten Adieu zu sagen. Nach einiger Zeit kommt der Moment, der uns glauben lässt: „Nichts hat sich verändert, alles war umsonst." Vielleicht ist so ein Moment eine Prüfung und ein guter Anhaltspunkt, um einen Rückblick zu wagen und das Licht zu erkennen.

IDEE FÜR DEIN RITUAL

Nimm heute bewusst wahr, welche Situationen dir im Alltag begegnen, wie du dich fühlst und welche Gedanken du größtenteils denkst. Vielleicht erhältst du die Erkenntnis, dass es dir gut geht und du alles hast, was du brauchst, und noch viel mehr. Frage dich, ob das schon immer so war oder ob du durch neue Gewohnheiten hierhergekommen bist.

Schreibe wichtige Erkenntnisse für dich auf und formuliere sie positiv. Ich habe dadurch zum Beispiel gelernt, dass eine Momentaufnahme nichts über den Gesamtzustand aussagt.

Gratuliere dir, dass du etwas für dich tust. Du siehst, warum es so wichtig für dich ist.

Abendritual

BOTSCHAFTEN

Ich bin bereits heute dankbar für alles, was ich morgen habe.

KENNST DU DAS?

Du gehst zu Bett und schon erwacht man wieder. Man merkt nicht wirklich, wie lange man schläft, kann jedoch schon während des Aufwachens ein Gefühl wahrnehmen. Erste Gedanken kommen dir entgegen und du beginnst, langsam deinen Tag damit unbewusst zu formen.

IDEE FÜR DEIN RITUAL

Nimm den Tagesstart in die Hand und hilf dir, deine Gedanken schon am Morgen ganz bewusst auf etwas Positives zu lenken. Nimm dir dazu ein schönes Briefpapier und ein Kuvert und schreibe dir selbst einen Brief. Die Länge spielt keine Rolle, dafür der Inhalt und deine gewählten Worte und Botschaften.

Mache dir Komplimente, schenke dir Zuspruch und schmeichle dir. Lege dir dieses Kuvert unter das Kopfkissen und öffne es direkt nach dem Aufwachen am nächsten Morgen.

ÜBER DIE AUTORIN

„Ein achtsamer Lebensstil hat mich viele Fragen stellen lassen und mir unzählige Antworten geschenkt." Carina Morawetz beschäftigt sich seit mehr als zehn Jahren mit Selbstliebe, achtsamen Übungen für mehr Balance im Alltag und unterrichtete bereits mehr als 3000 Frauen in ihren Watercolor-Onlinekursen. Mit ihrer einfühlsamen Art und ihrer Begeisterungsfähigkeit, den Fokus auf Selfcare zu richten und dabei die eigenen Facetten auszuleben, verschmelzen die Themen Kreativität und Selbstliebe miteinander.

Die Autorin lebt mit ihrem Mann und zwei Kindern ein Leben, wo alles seinen Platz haben darf. Die Liebe zu sich selbst, das Widmen von großen und kleinen Abenteuern im Alltag und das Finden der Stille im Inneren, um wieder neue Kräfte zu sammeln für die nächsten Projekte, die das Hier und Jetzt bereithalten.

Den Zugang zu achtsamen Routinen zu legen ist ihr ein großes Bedürfnis und deswegen stößt man in ihrem Podcast „Smootschie zum Mitnehmen", in Carries Kolumne, aber auch bei ihren Produkten immer wieder auf genau dieses Thema

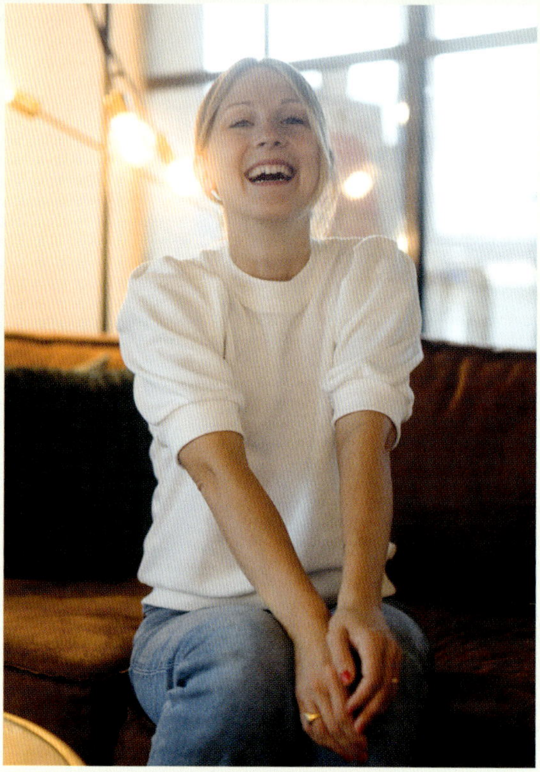

www.carle.at
www.carriemorawetz.de

DANK-SAGUNG

Lege beide Handflächen auf dein Herz, neige das Kinn nach unten, schließe deine Augen und sage dir leise, mitfühlend und aus Liebe zu dir „Danke". Dieses Buch ist ein Geschenk an die Welt, denn mit jedem Umsetzen und jedem positiven Gefühl, welches dabei ausgelöst wird, weitergegeben und erlebt wird, wird diese Welt zu einem besseren Ort. Du tust etwas für dich, löst damit etwas aus und gibst etwas ab. Als wärst du ein Kristall, durch den die Sonne scheint, mit dem einzigen Ziel, das Licht zu teilen und in alle Richtungen zu strahlen. Dafür danke ich dir und genau dafür darfst du dich auch bei dir selbst bedanken.

Ich danke meinem Ehemann Mäx. Du stehst jedes Mal aufs Neue hinter all meinen Projekten, Träumen und Ideen. Danke an unsere gemeinsamen Kinder, Fanni und Fynn. Ihr seid das Wertvollste in unserem Leben, pure Inspiration und der Motor für so vieles. Danke für den Beweis, dass wir miteinander wachsen dürfen.

Danke an meinen Mentor Wolfgang Racher, der mir so oft zeigt, dass auch ich immer wachsen darf. So wie die Blume, die im Garten ihren Weg aus der Erde findet, und so wie dein Bild, welches Pinselstrich für Pinselstrich in deinem Selfcare-Watercolor-Ritual mit dir wächst.

Carrie Morawetz

ENTSPANNT WEITERMALEN

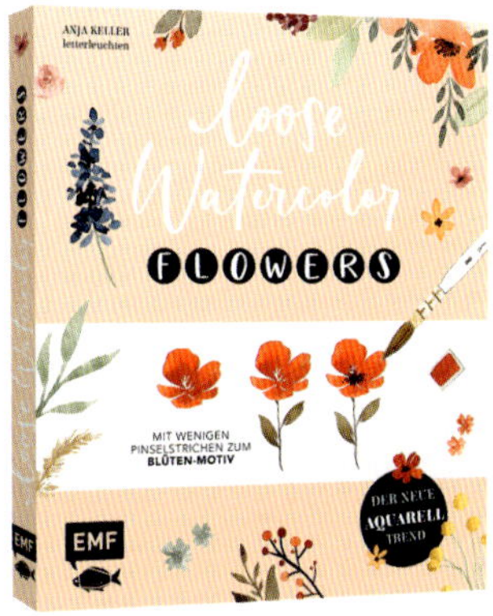

LOOSE WATERCOLOR – FLOWERS
Der neue Aquarell-Trend: Mit wenigen Pinselstrichen zum Blüten-Motiv

ISBN 978-3-7459-0689-9
20,00 € (D) | 20,60 € (A)

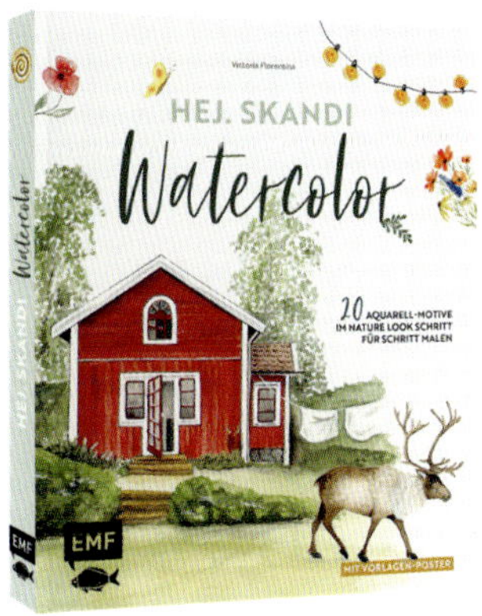

HEJ. SKANDI WATERCOLOR
20 Aquarell-Motive im Nature Look Schritt für Schritt malen – Mit Vorlagen-Poster

ISBN 978-3-7459-1548-8
20,00 € (D) | 20,60 € (A)

Impressum

Bibliografische Information der Deutschen Bibliothek.

Die Deutsche Bibliothek verzeichnet diese Publikation in der Deutschen Nationalbibliografie.

Detaillierte bibliografische Daten sind im Internet über http://www.dnb.de/ abrufbar.

EIN BUCH DER EDITION MICHAEL FISCHER

1. Auflage 2023

Covergestaltung: Alexandra Wolf
Redaktion und Lektorat: Saskia Hauck
Layout & Satz: Alexandra Wolf

ISBN 978-3-7459-1792-5

Gedruckt bei PNB Print SIA „Jansili", Silakrogs, Ropazu novads, LV-2133, Lettland

www.emf-verlag.de

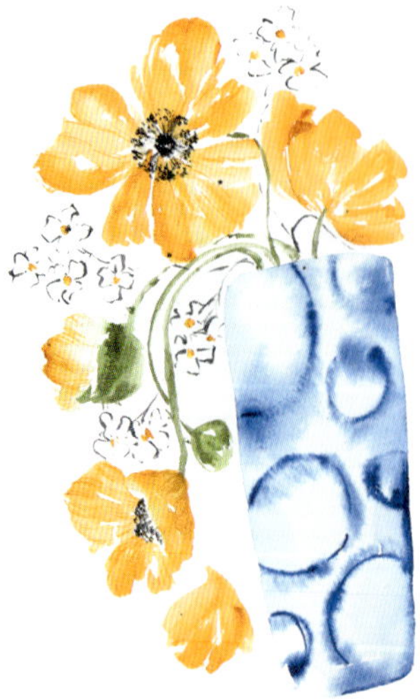

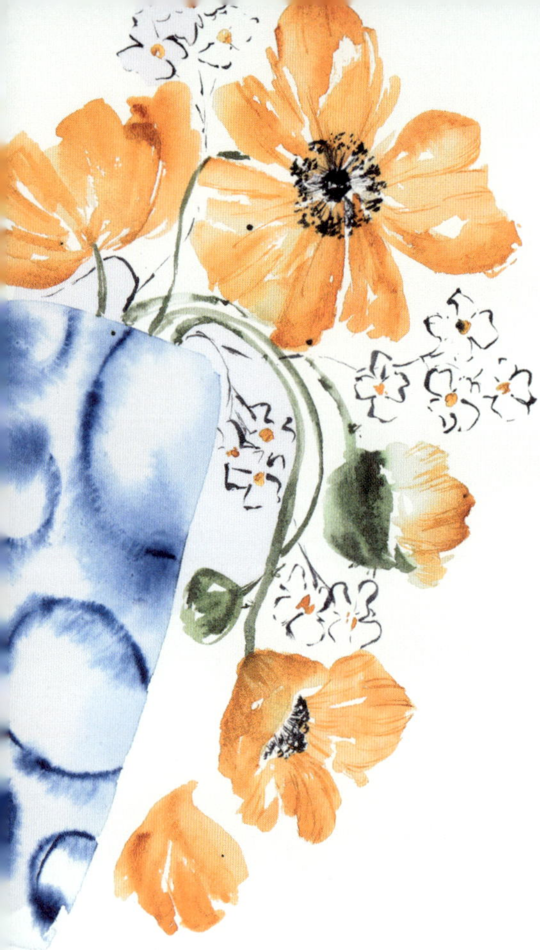